Willi Fährmann

Heiteres rund um Gottes Bodenpersonal

Willi Fährmann

Heiteres rund um Gottes Bodenpersonal

Vergnügliche Geschichten

Butzon & Bercker

Bildnachweis:
Kirche (Zeichnung Cover):
© Michaela Steininger – Fotolia.com;
Pfarrer (Vignetten Cover und Innenteil):
© beleberda – Fotolia.com

**Bibliografische Information
der Deutschen Nationalbibliothek**

Die Deutsche Nationalbibliothek verzeichnet diese
Publikation in der Deutschen Nationalbibliografie;
detaillierte bibliografische Daten sind im Internet
über http://dnb.d-nb.de abrufbar.

Das Gesamtprogramm
von Butzon & Bercker
finden Sie im Internet
unter www.bube.de

ISBN 978-3-7666-1824-5
E-Books:
ISBN 978-3-7666-4251-6 (Mobipocket)
ISBN 978-3-7666-4250-9 (ePub)

Neuausgabe 2014

© 1997/2014 Butzon & Bercker GmbH, Hoogeweg 100,
47623 Kevelaer, Deutschland, www.bube.de
Alle Rechte vorbehalten.
Umschlaggestaltung: Elisabeth von der Heiden, Geldern
Satz: SATZstudio Josef Pieper, Bedburg-Hau
Printed in Germany

Inhalt

Paul, der Likörbrauer 7

Paul als Detektiv 15

Paul und das Hundeviech 26

Paul schwärmt für frischen Wind 34

Paul und die Hirschhornknöpfe 44

Paul und der Puppentrick 55

Paul, der Pechvogel 63

Paul, das Engelchen 74

Paul und der Knochenbrecher 82

Paul und das bengalische Feuer 103

Paul und die toten Säuglinge 118

Paul, der Likörbrauer

Pfarrer Schulte-Westernkotten wurde 60 Jahre alt. Wenn das kein Grund zum Feiern war, auf welchen sollte man dann wohl warten? Die Gemeinde jedenfalls war entschlossen, ein festliches Dankeschön zu sagen. Aber davon soll hier nicht die Rede sein, sondern von der Einladung des Pfarrers an seine engeren Mitarbeiter, den Organisten Kronsalza, den Kaplan Mergentrup, die Pastoralassistentin Hildegard Herbst, die Haushälterin Fräulein Siebenbaum, Paul Drusen, Küster im Nebenamt, die Kindergärtnerinnen, die Schwestern aus dem Altenheim, kurz, alle eben, deren Namen in den kirchlichen Lohnlisten verzeichnet waren. Und weil Pfarrer Schulte-Westernkotten nicht kleinlich war, lud er Ehefrauen, Ehemänner, Verlobte und Freunde gleich mit ein. Fräulein Siebenbaum wies den Pfarrer darauf hin, dass sie immerhin vier Jahre älter sei als er und sie eine solche Gesellschaft bestenfalls mit Fleischwurst und Brötchen verköstigen könne. Es sei denn, ihr würde bei den Vorbereitungen tatkräftig geholfen.

Das war dann auch gar kein Problem. Pauls Frau Gret bot sich an, und Hildegard Herbst stellte sich zur Verfügung. Paul erklärte sich bereit, für die Getränke zu sorgen.

„Was trinken die Damen denn?", fragte er in der Küche des Pfarrhauses, als Gret, Fräulein Siebenbaum, Hildegard Herbst und der Pfarrer Überlegungen zum Festschmaus anstellten.
Die Frauen fanden Wein angemessen. Paul aber wusste, dass der Kaplan und auch der Organist lieber ein frisches Bier im Glase hatten, und sagte: „Wir werden Wein und Bier bereitstellen. Aber sicher sollte auch etwas Härteres angeboten werden. ‚Korn und Wein in Fülle', so heißt es bekanntlich in der Bibel."
„Mit Schnaps können Sie mich jagen." Fräulein Siebenbaum schüttelte sich.
„Und wie steht's mit einem Likör?", fragte Paul.
Der Pfarrer schmunzelte und gab statt seiner Haushälterin die Antwort: „Von Ihrem Eierlikör, Paul, den Fräulein Siebenbaum an Ihrem Silberhochzeitstag probiert hat, davon hat sie noch lange geschwärmt."
„Übertrieben!", wehrte Fräulein Siebenbaum ab.
„Ja, der Eierlikör von Drusens", prahlte Paul, „der ist von hervorragender Qualität."
„Den mischt Paul nämlich selbst", lachte Gret.
„Ich wusste ja gar nicht, dass Sie auch ein Likörbrauer sind." Fräulein Siebenbaum schien mit einem Male interessiert. „Sie müssen mir das Rezept verraten", bat sie.

„Das Rezept ist noch von meiner Großmutter", sagte Paul. „Aber was heißt hier Rezept verraten. Ich schlage vor, dass wir für den Geburtstag ein paar Flaschen Eierlikör herstellen. Er hat den Vorzug, dass er nicht so hochprozentig ist. Wir machen den Likör hier in der Küche. Dann können Sie das Rezept live erleben."

Die Zutaten waren bald eingekauft. In der Apotheke holte Paul reinen Alkohol. Die Apothekerin wusste gleich, was los war.

„Wieder unter die Giftmischer gegangen?", scherzte sie. Dann stutzte sie und fragte: „Sagten Sie wirklich, Sie brauchen zwei Liter Alkohol?"

„Genau das", bestätigte Paul. „Ich gehe jetzt in die Großproduktion."

Sechzig Eier besorgte Fräulein Siebenbaum von ihrem Vetter auf dem Lande, dessen Hühner noch im Mist kratzen durften. Die Gewürze legte Gret bereit. Es konnte losgehen.

Paul band sich die Schürze um und wies die Frauen an, die Eier aufzuschlagen und das Eiweiß sehr sorgfältig vom Dotter zu trennen.

„Dann kommt das schwerste Stück Arbeit", sagte er. „Die Eigelb müssen mit der Gabel so lange geschlagen werden, bis sie keine Fäden mehr ziehen."

„Das ist wirklich eine Arbeit für Galeerensträflinge", fügte Gret hinzu. „Vor unserer Silberhochzeit hatte ich vom Eigelbschlagen einen richtigen Muskelkater."

„Haben Sie es denn noch nie mit einem Mixer versucht?", fragte Hildegard Herbst.

Paul schüttelte den Kopf, sagte aber dann: „Warum, Gret, haben wir nicht schon längst den Mixer genommen?"

„Oma hat die Eier auch immer mit der Hand geschlagen", antwortete Gret.

„Oma hin, Oma her. Wenn die eine Küchenmaschine gehabt hätte, sie hätte sie ganz bestimmt eingesetzt. Meine Oma war nämlich stets für neue Ideen zu haben."

„Versuchen wir es", sagte Hildegard Herbst.

„Es gibt nur ein Hindernis", wandte Fräulein Siebenbaum ein, „wir haben nämlich gar keinen Mixer im Pfarrhaus. Der Pfarrer meint, man dürfe sich nicht zu abhängig machen von der Technik."

Hildegard Herbst lachte und sagte: „Das sieht ihm ähnlich. Denn von der Technik hat er keine Ahnung. Wenn sein Auto mal streikt, dann öffnet er die Haube, schaut wütend auf den Motor und schimpft vor sich hin. Aber meist hilft das nichts."

„Und mir wollte er sogar einen automatischen Kerzenanzünder mit Flüssiggas beschaffen", meinte Paul verwundert.

„Wir werden es nicht daran scheitern lassen, dass unser Pfarrer die Technik aus der Küche

verbannen will. Ich besitze eine sehr schöne Küchenmaschine. Meine Mutter hat sie mir vor ein paar Jahren vererbt. Ich verwende sie allerdings nur selten, denn sie ist für meinen Einpersonenhaushalt einfach viel zu groß", sagte Hildegard Herbst.
Dann ging es los. Die Eier wurden aufgeschlagen, das Weiße vom Gelben getrennt, und alles stand schließlich bereit. Der Brauprozess konnte beginnen. Hildegard Herbst wohnte in der Nachbarschaft. Deshalb dauerte es nur ein paar Minuten, bis sie die Küchenmaschine geholt hatte. Sie keuchte ein wenig, denn die Maschine war nicht leicht. Paul begutachtete das Gerät. Auf einem Unterteil, in dem der Motor untergebracht war, stand ein ziemlich großes, trichterförmiges Glas. Das war mit einem Kunststoffdeckel verschlossen.
„Älteres Modell, wie?", schmunzelte er. „Aber solide gebaut."
„Stimmt. Sie läuft ganz wunderbar." Hildegard blätterte in dem dazugehörigen Rezeptbuch, aber von Eierlikör war nichts erwähnt.
„Ich nehme an", sagte Paul, „wenn wir das Eigelb zwei Minuten schlagen lassen und die Maschine auf vollen Touren läuft, dann wird es gut sein."
„Ganz bestimmt", sagte Hildegard Herbst. „Wir haben nämlich mal Spinat darin zerkleinert. Nur eine halbe Minute hat meine Mutter

das Ding laufen lassen. Der Spinat sah anschließend aus wie grüne Lackfarbe. Keiner hat davon gegessen."

„Also los", befahl Paul. Das Eigelb füllte das Gefäß zu zwei Dritteln. Paul setzte den Deckel auf das Glas. Der Pfarrer kam auch in die Küche, aber er brummte nur: „So, so, eine Küchenmaschine", und schaute sich das Gerät interessiert an.

„Haben Sie gesehen, dass man den Mixer auf zwei verschieden schnelle Touren stellen kann?", fragte er.

„Wir nehmen Stufe zwei", entschied Paul. „Genau zwei Minuten soll die Maschine arbeiten. Ich werde auf meine Uhr schauen."

„Geben Sie das Einsatzkommando", sagte der Pfarrer. „Ich werde einschalten." Offensichtlich war er fasziniert von dem Gerät.

Paul wartete, bis der Sekundenzeiger seiner Armbanduhr auf die Zwölf zulief und rief dann: „Auf die Plätze, fertig, los!"

Der Mixer brummte, kam auf Touren und sirrte durchdringend. Das Eigelb wallte im Trichter.

„Noch keine zwei Minuten herum?", fragte der Pfarrer ungeduldig.

„Noch nicht einmal eine Minute ist vergangen", antwortete Paul.

„Scheint aber doch schon gut zu sein", vermutete Fräulein Siebenbaum.

„Zwei Minuten sind ausgemacht", gab Paul

zurück, ohne den Blick von seiner Uhr zu wenden. Vielleicht wäre es besser gewesen, er hätte zu Pfarrer Schulte-Westernkotten hinübergeschaut. Vielleicht hätte er so das sich anbahnende dramatische Ereignis noch verhindern können. Pfarrer Schulte-Westernkotten vermutete nämlich auch, dass das Eigelb längst sämig zerrührt war, wie seine Haushälterin gesagt hatte. Er wollte das näher überprüfen und hob, ehe sich irgend jemand versehen hatte, den Kunststoffdeckel von dem Glastrichter.
Starr stand er und blickte wie versteinert auf das, was sich nun ereignete. Das Eigelb wuchs in einer sich stetig verbreiternden Säule aus dem Glas, drehte sich, floss in Höhe des Küchenschranks schirmförmig auseinander, schien einen Augenblick in der Luft stillzustehen und senkte sich dann nieder auf Tisch und Stühle, auf Schrank und Bank, auf Haar und Kleid. Nichts und niemand blieb unbesprüht. In langen Fäden tropfte das Eigelb vom Lampenschirm herab.
Sprachlos schauten sich die Likörbrauer an. Der Pfarrer hielt immer noch den Deckel in der Hand.
„Schalten Sie ab", sagte Paul. „Die zwei Minuten sind längst herum."
Hildegard Herbst brach den Bann, schlug die flachen, klebrig gewordenen Hände gegeneinander, zog sie wieder auseinander und sagte:

„Eineinhalb Minuten waren genug. Das Eigelb ist wunderbar sämig."

Und dann begann sie zu lachen, dass die Tränen kullerten. Erst wollte der Pfarrer sagen: „Nun seien Sie doch nicht so albern." Aber dann fiel sein Blick auf Fräulein Siebenbaum, die sich eine Haarsträhne aus der Stirn strich und jammerte: „Gestern war ich erst beim Friseur. Und nun ist alles für die Katz." Aber dann kicherte auch sie, Paul und Gret ließen sich anstecken, und endlich hatte auch der Pfarrer den Schock überwunden und lachte dröhnend.

„Wir müssen alles abwaschen, bevor das Eigelb eintrocknet", sagte Fräulein Siebenbaum, als sie wieder zu Atem gekommen war. Und so geschah es.

Beide Duschen im Pfarrhaus liefen auf Hochtouren, Fräulein Siebenbaum lieh Gret, Paul und Hildegard einen buntgeblümten Kittel, und dann gingen sie mit Lauge und Leder ans Werk. Selbst Pfarrer Schulte-Westernkotten hatte sich eine Schürze umgebunden und wischte und schrubbte. Nach fast zwei Stunden blinkte die Küche wieder, und nichts klebte mehr. Fräulein Siebenbaum verschwand für eine Weile und kehrte dann zurück. In der Hand trug sie eine Flasche Eierlikör. Nicht vom selbst gebrauten, versteht sich. Aber geschmeckt hat er doch einigermaßen.

Paul als Detektiv

Es war wirklich ärgerlich. In der Sakristei wurde gestohlen. Aus Jacken und Mänteln wurde seit Wochen Geld entwendet. Die Messdiener beklagten den Verlust eines Teils ihres Taschengeldes. Pfarrer Schulte-Westernkotten, der nie genau im Bilde war, wie viel Geld er eigentlich in seiner Geldbörse bei sich trug, vermisste eines Tages einen druckfrischen Hundertmarkschein. An den konnte er sich allerdings genau erinnern. Er hatte ihn eigens in die Tasche gesteckt, um ihn unauffällig an Frau Baum weiterzugeben. Die hatte zwar ihre drei Kinder für das Ferienlager angemeldet, aber Pfarrer Schulte-Westernkotten wusste, dass Adolf Baum seit über einem Jahr arbeitslos war.
Genau dieser blaue Schein fehlte nun nach der Acht-Uhr-Messe. Wie bei den vorhergegangenen Diebstählen war nicht das ganze Geld aus der Börse genommen worden, sondern nur ein Teil. Eben einhundert Deutsche Mark.
„Katholisch muss er sein, der Dieb", knurrte der Pfarrer.
Paul schaute ihn groß an. Der Pfarrer als messerscharfer Krimidenker, das war ein bisher unentdeckter Zug an dem geistlichen Herrn.
„Wieso?", fragte er also und kam sich vor wie Dr. Watson vor Sherlock Holmes.

„Der hat noch einen Rest von Gewissen. Sonst nähme er doch alles. Der muss also katholisch sein."

Paul schüttelte den Kopf und dachte: „Ich kann verstehen, dass er sich ärgert. Ärger fördert Vorurteile. Daher also."

Paul hatte Erfahrung mit Vorurteilen, die aus Ärger geboren wurden. Wenn sein ältester Sohn Hermann für ein kurzes Wochenende von der Universität nach Hause kam, dann ging es Paul ähnlich wie dem Pfarrer. Der Küster ärgerte sich über die Ansichten des Herrn Studenten, und wenn Hermann das Wort „Amtskirche" benützte, dann war Paul nur zu leicht geneigt, die „Jugend von heute" in Bausch und Bogen zu verdonnern.

„Müssten wir nicht längst die Polizei verständigt haben?", fragte Paul.

Pfarrer Schulte-Westernkotten wies diesen Vorschlag weit von sich. „Ich meine, das sollten wir im eigenen Hause regeln. Außerdem, was sollen die Beamten da schon unternehmen?" Er schwieg eine Weile und fügte dann hinzu: „Stellen Sie sich vor, Paul, die Herren von der Kripo fänden wirklich heraus, wer der Dieb ist, und es wäre dann einer unserer Messdiener."

„Na, und?", sagte Paul.

„Ich bitte Sie!" Der Pfarrer schaute ihn empört an. „Das wäre ja ein Gemeindeskandal. Unser guter Ruf wäre ruiniert."

„Na, und?", murmelte Paul vor sich hin. Er wusste, dass Pfarrer Schulte-Westernkotten auf den guten Ruf seiner Gemeinde äußerst bedacht war. Schon manche krumme Sache hatte er, wie er sagte, bereits im eigenen Haus geradegebogen oder auch ganz einfach unter den Teppich gekehrt.

Zu Hause grollte Paul: „Der gute Ruf, der gute Ruf! Dabei ist das mit den hundert Mark ein starkes Stück."

Am nächsten Morgen war der Pfarrer, der sonst meist im letzten Augenblick vor der Messe in die Sakristei stürmte, schon zeitig gekommen.

Er winkte Paul in die Ecke, weit weg von den Ohren der Messdiener, und flüsterte: „Ich habe gestern die hässliche Angelegenheit der Diebstähle mit meiner Haushälterin, Fräulein Siebenbaum, besprochen. Sie hat eine gewisse Weltklugheit, wissen Sie."

Paul musste das anerkennen. Fräulein Siebenbaum war es zu verdanken, dass Pfarrer Schulte-Westernkotten in finanziellen Dingen nicht den Boden unter den Füßen verlor und vorzeitig in himmlische Gefilde entschwebte. „Was schlägt sie vor?", fragte Paul.

„Fräulein Siebenbaum hat in ihrer Verwandtschaft einen Polizeikommissar. Den will sie ganz unverbindlich um Rat fragen. Sie meint, sie habe gehört, dass die Polizei in solchen Fällen ein Pulver verwendet. Kommt der Dieb mit dem Pulver in Berührung, dann färben sich seine Finger kräftig rot, und das lässt sich acht Tage lang nicht mehr abwaschen."

„Aha", sagte Paul interessiert. „Wir stäuben dann den Inhalt einer Geldbörse mit dem Pulver ein, und es wird sich bald herausstellen, wer der Rabe in unserem Nest ist."

„Gut ausgedrückt", lobte der Pfarrer. Ein Lob kam sonst selten über seine Lippen. Seine Stimmung war gut und voll Hoffnung auf kriminalistischen Lorbeer. Auch Gret fand den Plan nicht schlecht und sagte: „Das ist gar keine schlechte Strafe, wenn der Dieb immer wieder gefragt wird, woher er die roten Finger hat."

Am Morgen fuhr Fräulein Siebenbaum in ihr Heimatstädtchen und redete mit ihrem Kommissar. Als sie am Mittwoch wieder in der Gemeinde angekommen war, trug sie in ihrer Handtasche, säuberlich in weißes Papier eingeschlagen, das besagte Pulver.

Der Pfarrer bat Paul ins Pfarrbüro. „Wie früher die Apotheker ihre Pülverchen eingepackt haben", sagte Paul, als Pfarrer Schulte-Westernkotten das winzige Päckchen vorsichtig entfaltete. Knapp ein halber Teelöffel eines weißlich-grauen Staubes lag vor ihnen. „Mit einem weichen Wasserfarbenpinsel sollten Sie die Scheine einpudern, hat der Kommissar gesagt", erklärte Fräulein Siebenbaum, zog sich aber dann wieder in die Küche zurück.

Paul versprach, eine ausgediente Geldbörse und den weichen Pinsel zu beschaffen. Der Pfarrer schlug vor, zwei Zehnmarkscheine, ein Fünfmarkstück und einige kleine Münzen in die Geldbörse zu legen und diese in einem Anorak am Kleiderhaken in der Sakristei zu deponieren.

„Nur Ihre Frau, meine Haushälterin und wir beide wissen von dieser Aktion", sagte er mit Verschwörermiene. „Bald werden wir diese unangenehme Sache im eigenen Haus geregelt haben."

Sie vereinbarten, dass sie am Samstag nach der Abendmesse die Diebesfalle aufstellen wollten. „Ab acht Uhr läuft dann der Krimi im Fernsehen, und bei uns geht es genauso", lachte er.

Ohne Schwierigkeiten kramte Paul aus dem Keller eine geeignete Geldbörse und einen Wasserfarbenpinsel hervor.

„Manchmal ist dein Aufbewahrtick doch zu etwas nütze", gab Gret zu.

„Wer weiß, wozu das nochmal gut ist", war ein von Paul oft gebrauchtes Wort. Für Gret war es eine Quelle häufigen Ärgers, dass ihr Mann sich nur schlecht von „all dem alten Kram", wie sie sagte, trennen konnte. Nach einem heftigen Streit hatten sie sich dann darauf geeinigt, dass Paul einen Kellerraum für die Gegenstände seiner Sammelleidenschaft zugesprochen bekam. Gret hatte diesen Keller seitdem nie mehr betreten. Ihr Ordnungssinn hätte sich empört, wenn sie gesehen hätte, was sich dort in Regalen, die bis an die Decke reichten, alles stapelte. Paul gab selbst insgeheim zu, dass er nur höchst selten auf das Klamottenmagazin zurückgriff; einerseits wurde nur in wenigen Fällen irgend etwas von den alten Besenstielen, den Schrauben, Zeitschriften, Flaschen, Gläsern, Blechschachteln, Zigarrenkisten, Staubsaugerteilen, Fassungen für elektrische Lampen und Brillengestellen gebraucht; andererseits förderte im Bedarfsfall selbst langes Suchen nach dem Motto „Das muss hier irgendwo liegen" den gewünschten Gegenstand meist nicht ans Tageslicht, und Paul gab nach verbissenem Herumkramen endlich wütend auf.

Aber, wie schon gesagt, Geldbörse und Wasserfarbpinsel waren am Samstagabend zur Stelle. Zu viert saß die Sonderkommission „Sakristeiverbrechen" um Pfarrer Schulte-Westernkottens Schreibtisch. Fräulein Siebenbaum und Gret beschränkten sich auf gute Ratschläge, die sich unter „Vorsicht mit dem Zeug" einordnen ließen. Der Pfarrer bestäubte behutsam und gründlich die Scheine und Münzen, und Paul legte sie mit spitzen Fin-

gern in die Börse. Während der Pfarrer schließlich den Rest des Pulvers sorgsam in das Papierchen einschlug, drückte Paul befriedigt den Verschluss der Börse zu. „Da liegt der Köder", sagte er. „Hoffentlich beißt der Räuber an."
Am späten Abend noch steckte Paul die Börse in die Tasche des Anoraks und hängte diesen, gut sichtbar, an den Kleiderhaken in der Sakristei.
Noch etwas später versuchte er die strahlend roten Flecken von den fünf Fingerspitzen seiner rechten Hand mit Seife und Nagelbürste abzuschrubben. Vergebens. Sein heftiges Bemühen schien die Leuchtkraft der Farbe noch zu erhöhen.
„Macht nichts", tröstete ihn Gret. „Der Pfarrer wird dich gewiss nicht für den Täter halten."
Der Pfarrer bemerkte an eben diesem späten Abend an seinem eigenen Unterarm pfenniggroße, sehr rote Flecken, und er war sicher, dass es sich diesmal nicht um eine gelegentlich auftretende Allergie handelte, sondern um einen chemischen Umwandlungsprozess winziger, grau-weißer Stäube.
Am selben späten Abend jammerte Fräulein Siebenbaum über das verdorbene weiße Oberhemd des Pfarrers, das sie im Wäschekorb entdeckte und das ein unregelmäßiges Sprenkel-

muster roter Punkte auf den Manschetten zeigte. Weltklug, wie sie nun einmal war, entschloss sie sich, bei Gelegenheit die Ärmel so weit abzuschneiden, dass ein kurzärmeliges Sommerhemd daraus wurde.

Wie die Mitglieder eines Geheimbundes blinzelten sich der Pfarrer und der Küster am Sonntagmorgen in der Sakristei zu. Ihre Blicke schweiften immer wieder mit Wohlgefallen über den Anorak am Kleiderhaken. Nach der Frühmesse warteten sie, bis sie allein in der Sakristei zurückblieben. Paul griff nach der Börse. Er öffnete sie, und Pfarrer Schulte-Westernkotten fuhr leicht mit der Fingerspitze über die Scheine. Pauls Warnruf kam zu spät. Er deutete auf des Pfarrers Finger. Noch war nichts von einer Rotfärbung zu erkennen. „Das ganze Geld ist noch drin", sagte der Pfarrer enttäuscht. Und so war es auch nach den anderen Sonntagsmessen. Im Laufe des Vormittags färbten sich auch die Finger des Pfarrers scharlachrot. Bei der Predigt hielt er die Hände fest auf das Pult gepresst, und die Gläubigen wunderten sich, weil er sonst stets mit weit ausladenden Gesten seinen Worten größeres Gewicht zu verleihen suchte.

Jedenfalls wurde noch vor dem Mittagessen ein weiteres Oberhemd zum kurzärmeligen Sommerhemd degradiert.

Es war wie verhext. Fräulein Siebenbaum hat-

te des Pfarrers Schreibtisch mit einem feuchten Tuch abgewischt. Als ihre jungfräulichen Hände ebenfalls deutliche Spuren des sich anbahnenden Martyriums zeigten, warf sie erbost die Reste des Pulvers in die Mülltonne. Das war am Montag.
Der Dieb blieb abstinent.
Am Dienstag wunderten sich die Arbeitskollegen über Pauls rote Hände. Er murmelte etwas von einer gewissen Medizin.
Der Dieb hielt sich auch am Dienstag bedeckt.
Am Donnerstag rief Fräulein Siebenbaum verzweifelt den Kommissar in seiner Dienststelle an. Der jedoch hatte wenig Trost für sie bereit. Er gab freundlich Bescheid, dass das Pulver todsicher wirkte und durch nichts, aber auch gar nichts aus Haut und Hand zu löschen sei, außer durch die Zeit. Nach einer Woche etwa würden die verräterischen Male auf der Haut verblassen und allmählich völlig ausbleichen ...
Da hatte Fräulein Siebenbaum den Hörer enttäuscht aufgelegt. Dem Kommissar blieb keine Gelegenheit, daran zu erinnern, dass er nachdrücklich darauf hingewiesen habe, dass man mit der Chemikalie vorsichtig umgehen müsse.
Sicher, am Freitag hatten die Hobbykriminalisten ein Verfahren entwickelt, das sie vor den Wirkungen des Staubes sicher sein ließ. Paul hatte aus seinem Keller eine große Pin-

zette geholt, mit der sich die Geldbörse ohne Übertragung weiteren Farbstoffes öffnen ließ. Aber alle listigen Pläne führten nicht zum Erfolg. Die fünfundzwanzig Mark fünfunddreißig blieben unberührt. Auch wurden keine weiteren Diebstähle mehr gemeldet. Zwölf Tage war der Köder in Griffnähe. Aber kein Langfinger wurde gekrümmt.
Als die Pastoralassistentin fragte, wem eigentlich der Anorak gehöre, der schon über eine Woche am Kleiderhaken hing, und sie verstünde die Eltern nicht, denen es nicht auffiele, wenn ihr Junge einen Anorak vergessen habe, und überhaupt, diese Wegwerfgesellschaft ..., da nahm Paul den alten Anorak vom Haken, entstaubte mit Gummihandschuhen an den Händen die Scheine und Münzen, warf den Anorak fort und die Geldbörse hinterher, schweren Herzens, und seufzte: „Wer weiß, wozu man das alles noch gebrauchen könnte."
Es blieb ein Rätsel, warum der Dieb seine Gewohnheiten geändert hatte. Paul nahm an, er hätte vielleicht doch aus den Mienen und Blicken der Eingeweihten herausgelesen, dass irgend etwas im Busch sei. Der Pfarrer vermutete, dass Gret oder Fräulein Siebenbaum vielleicht ein Wort zuviel entschlüpft war. Gret hatte den Verdacht, die roten Hände der Männer hätten ihm einen Hinweis gegeben, dass „nichts mehr geht".

Fräulein Siebenbaum glaubte, dass plötzliche Bekehrungen nicht nur beim heiligen Paulus oder beim heiligen Norbert möglich gewesen seien, sondern mitten in unserer Welt immer wieder Menschen von der bequemen Straße des Lasters auf den schmalen Pfad der Tugend zurückfänden.

Alle jedenfalls hatten die Überzeugung gewonnen, dass Detektiv ein gar nicht so leichter Beruf ist und das Sprichwort „Schuster, bleib bei deinen Leisten" zumindest hier eine gewisse Berechtigung hatte.

Paul und das Hundeviech

Vor zwei Jahren hatten sich Gret und die Kinder endlich durchgesetzt. Toni war zu Drusens gekommen und hatte in wenigen Wochen einen festen Platz im Haus und im Sessel am Fenster. Vielleicht hatte er auch noch ein wenig mehr erobert. Gret jedenfalls behauptete, dass keiner aus der Familie sie so heiß erwartete wie das Hündchen, wenn sie vom Einkaufen oder vom Kaffeeklatsch nach Hause zurückkehrte. Wirklich sprang die Mischung aus Spitz und Dackel wie toll an ihr hoch, jaulte, jagte den schön behaarten Schwanz durch die Luft und konnte vor Begeisterung sogar gelegentlich undicht werden. Gewiss, Toni gab ebenfalls Zeichen der Freude von sich, wenn sich Pauls Hausschlüssel im Schloss drehte. Auch die Kinder empfing er stets an der Tür. Aber Gret und Toni, Toni und Gret, das war eine Zuneigung ganz besonderer Art.
Nun bestätigten selbst die Nachbarn, dass Toni ein außergewöhnlich problemloser Hund sei. Abgesehen von zwei kleinen Unarten gab es nichts an ihm auszusetzen. Die eine war nur lästig. Wenn ein Besucher ins Haus kam, bellte er unablässig wenigstens fünf Minuten lang. Ohne Zweifel hatte er diese Eigenart aus der Erbmasse seines Spitzvaters erhalten. Die

andere machte mehr Verdruss. Ließ man ihn frei herumlaufen, dann gehorchte er, na, eben wie rote Langhaardackel gehorchen. Aufs Wort selbstverständlich. Aber auf welches Wort, das konnten Paul und Gret nicht herausbekommen. Selbst Pauls schriller Pfiff wurde längst nicht immer als höchste Befehlsstufe erkannt. Andererseits hatte Toni noch niemals die Pantoffel angeknabbert, hatte weder den Postboten noch sonst irgend jemand gebissen, betrat das Wohnzimmer nicht, nachdem Paul ihm das einmal in den ersten Wochen nachdrücklich klargemacht hatte, war kurzum ein Musterhund mit wenigen Streifen.

Bereits im zweiten Hundejahr zahlte Paul die unverschämt hohe Hundesteuer ohne Murren. Zwar hatte er seinen Vorsatz, täglich einen Spaziergang mit dem Hund zu machen, nicht eingehalten, gelegentlich jedoch rafften sich Paul und Gret, den Hund an der Leine, in den Abendstunden zu einem Gang auf.

An einem solchen Tag nun kehrten die beiden von einem längeren Weg durch die Anlagen des Städtchens zurück. Der Hund hatte sich ausgetobt und trottete artig an der lockeren Leine neben den beiden her. Unter dem Bogen der mittelalterlichen Stadttoranlage kam ihnen Peter Lindemann auf seinem Fahrrad entgegen. Seine Fahrspur lag nicht mehr ganz auf dem Strich. Peter hatte, wie das bei ihm häufiger vorkam, ein bisschen zu stark getankt. Als er gerade an Paul und Gret vorbeifuhr, stimmte er mit seinem hellen Tenor das Lied von Mariechen an, das weinend im Garten saß. Es kann nicht an Mariechen gelegen haben, denn gegen diese junge Frau hatte Toni nichts. Vielleicht erschreckte ihn eher die unerwartet hohe Tonlage, die Peter anschlug. Was auch immer der Grund gewesen sein mag, Toni jedenfalls machte einen für seine verhältnismäßig kurzen Beine beachtlichen Satz und sprang gegen Peters Rad. Kaum jemand, der das Hündchen kannte, wollte Paul glauben, wenn er diese Geschichte später erzählte. Tatsache aber bleibt, dass das kleine Hundevieh einen Mann vom Drahtesel riss. Peter rappelte sich auf, klopfte sich den Straßenstaub vom Jackett, schüttelte den Kopf, stieg, ohne Gret und Paul auch nur eines Wortes zu würdigen, wieder auf sein Rad und begann von neuem Mariechens Leid im Garten lautstark zu besingen. Es schien so, als ob Gret und Paul einen erheblich größeren Schrecken bekommen hatten als der versoffene Peter.

„Gut, dass Kinder und Betrunkene einen so aufmerksamen Schutzengel haben", bemerkte Gret.

„Schutzengel hin, Schutzengel her", maulte Paul. „Stell dir mal vor, dem Peter wäre was passiert! Er hätte sich ja ein Bein brechen kön-

nen oder einen Arm. Dann wären wir ganz schön ans Zahlen gekommen." Nach einer Weile fügte er hinzu: "Ich war ja von Anfang an gegen das Hundeviech."
Gret lächelte. Längst schon nahm sie Pauls Hundeärger nicht mehr ernst. Oft genug ertappte sie ihn, wenn er vor Tonis Sessel stand und dem Dackelspitz zuredete wie einem kleinen Kind. Meist ging es um "Pfötchengeben". Wer jedoch bei diesen Bemühungen je den unwahrscheinlich hochmütigen Augenausdruck der dackelähnlichen Hundedame gesehen hat, kann ahnen, was sie von solchem Hokuspokus hielt. Grets Lächeln machte Paul wütend.
"Schutzengel, Schutzengel! Wenn ich das schon höre! Das ist so richtiges Weibergequatsche. Nehmen wir mal an, es passiert wirklich was, willst du dann etwa dem Richter sagen, er soll sich an den Schutzengel wenden? Der sei dafür zuständig?"
"Wer behauptet denn so was?", antwortete Gret. "Du bläst dich mal wieder ganz schön auf. Du solltest lieber für Toni eine Versicherung abschließen. Dann brauchen wir uns keine Sorgen zu machen, wenn er wirklich mal was anstellt."
"Versicherung für Hunde?"
"Ja. Das gibt es."
"Aber dann kostet das Hundeviech ja noch mehr."

„Das kann gar nicht teuer sein. Toni ist doch ein ganz kleiner Hund. Und wenn er schließlich mal vor ein Auto läuft ..."
„Gret, denkst du etwa an eine Lebensversicherung für Hunde?", fragte Paul.
„Nimm mich nicht auf den Arm", entrüstete sich Gret. „Du weißt ganz genau, dass neulich auf der Bundesstraße ein Auto in den Graben gefahren ist, weil der Hund von Bellingsen den Fahrer erschreckt hat. Die Versicherung hat den ganzen Blechschaden bezahlt."
„Ich könnte ja mal mit Willmann reden. Der hat eine Versicherung", willigte Paul schließlich ein.
Der Versicherungsagent Willmann hockte klein und schmal hinter seinem Arbeitstisch, schielte über den Rand seiner Brille und ließ sich die Geschichte von Toni, der Peter Lindemann vom Rad gerissen hatte, genau berichten.
„Hör mal", sagte er schließlich, „dein Hund ist ja offensichtlich ein ganz gefährliches Biest. Für bissige Hunde hat die Versicherung nicht viel übrig."
Paul jedoch beteuerte, dass Toni noch niemals vorher irgend jemand zu Schaden gebracht habe.
„Der hat seine Zähne nur nötig, wenn er ab und zu mal Gras frisst", sagte Paul. „Ist ein friedlicher, kleiner Kerl."

„Aber den Peter ...", zweifelte Willmann.
„Ich glaube, Toni hat sich nur erschreckt, weil Peter so grässlich gesungen hat. Er ist ihm ins Rad geraten, und Peter ist umgekippt. Das war alles."
„Gut", willigte der Agent ein. „Ich mache die Police fertig und komme nächste Woche zu euch ins Haus. Dann könnt ihr die Jahresrate bezahlen und ich händige den Versicherungsschein aus."
„Komm abends, dann bin ich selbst im Haus", sagte Paul.
Wenige Tage später schellte Willmann bei Paul Drusen. Unter dem Arm trug er die schmale, schwarze Aktentasche mit der Police. Er wurde, bevor sich die Tür öffnete, mit lautem Hundegebell begrüßt.
Gret führte Willmann ins Wohnzimmer. Toni stand auf der Schwelle des Zimmers und bellte. Seine Nackenhaare sträubten sich.
„Na, ganz so friedlich, wie Paul erzählte, ist er ja wohl nicht", sagte der Agent.
„Macht er immer so, Herr Willmann. Warten Sie nur fünf Minuten, dann gibt er Ruhe. Ich hole meinen Mann. Setzen Sie sich schon mal."
Paul kam aus dem Keller. Er schüttete einen Schnaps für Willmann ein und einen weiteren für sich selbst.
„Willst du auch einen?", fragte er Gret. Die winkte ab.

Tatsächlich gab Toni das Gebell nach reichlich fünf Minuten auf und sprang zurück in seinen Sessel am Fenster. Willmann zog die Versicherungsurkunde aus der Aktentasche und erklärte lang und breit, in welchen Fällen die Versicherung zahlen könne, in welchen nicht.

„Kostet, wie ich schon sagte, im Jahr 76 Mark", schloss er schließlich.

„Allerhand Geld", knurrte Paul. „Ihr werdet an dem kleinen Hundeviech ein Geschäft machen. Der ist brav wie ein Lamm."

„Man kann nie wissen", antwortete Willmann.

„Eben", sagte Gret und holte das Geld.

Willmann quittierte, trank noch einen Schnaps und wollte sich verabschieden. Er ging durch die Küche. Vor dem Sessel am Fenster, in dem Toni saß, blieb er stehen, beugte sich ein wenig hinunter und sprach den Hund an: „Du bist jetzt in der Fidelitas-Versicherung, mein Lieber. Wer Fidelitas wählt, lebt sicherer." Er hob seine Hand, um den neuen Kunden zu streicheln, aber Toni knurrte missbilligend.

„Na, dann nicht", sagte Willmann und ging zur Tür.

Paul und Gret begleiteten ihn. Er war schon an der Haustür, als Toni vom Sessel sprang, in den Flur raste und Willmann anfiel. Er biss zum ersten Male in seinem Hundeleben richtig zu. Nein, nicht ins Fleisch. Toni war ein friedlicher, kleiner Hund. Er fasste Willmanns Hose am Knie und riss sie bis zum Umschlag hin auf.

Vor Schreck stieß Paul einen schrillen Pfiff aus. Toni duckte sich, drehte ab und kehrte in seinen Sessel zurück.

Mit einigen Schnäpsen getröstet und von Pauls blauer Sonntagshose umschlottert sagte Willmann schließlich „Auf Wiedersehen". Als er ein paar Tage später die Hose zurückbrachte, hatte er für Toni einen großen Knochen mitgebracht.

„Wissen Sie, Frau Drusen, Ihr Hund hatte den richtigen Riecher. Erstens konnte ich eine neue Hose gut gebrauchen. Zweitens habe ich mit dieser Geschichte bereits vier Hundebesitzer für die ‚Fidelitas' gewonnen. Und was braucht ein Versicherungsagent mehr als anständige Kleidung und gute Abschlüsse?"

Paul schwärmt für frischen Wind

Von dieser Seite hätte Kaplan Mergentrup gar keine Unterstützung erwartet. Aber es war so. Der „Linke-Hand-Küster", wie er insgeheim Paul Drusen nannte, stimmte seinen Neuerungsvorschlägen lebhaft zu. „In der Karwoche müssten wir die Leidensgeschichte einmal anders ins Ohr der Leute bringen", hatte der Kaplan in der Sakristei gesagt. Pfarrer Schulte-Westerkotten hatte aufgehorcht und die Brauen hochgezogen. Er hatte seinen Mitbruder im Herrn streng angesehen. „Was gefällt Ihnen an der Karliturgie nicht?"
„Nun", antwortete Kaplan Mergentrup mit Trotz in der Stimme, „als ich im vorigen Jahr hier noch ganz frisch war, da fiel es mir auf. Damals habe ich nichts gesagt, eben weil ich noch neu war. Aber ich habe mir Notizen gemacht. Der Chor hat dreimal den Einsatz verpasst. Der Vorsitzende vom Pfarrgemeinderat ist ja gewiss ein verdienstvoller und eifriger Mann, aber seine Nuschelstimme war trotz Mikrophon kaum zu verstehen. Und der Polizist Ludwig Klünkers hat zwar ein kräftiges Organ, ist aber doch wohl besser zum Kommandogeben geeignet."
„Was schlagen Sie vor?", fragte der Pfarrer ein wenig kühl.

„Ich könnte mir vorstellen, dass ich einige junge Männer gewinne, die sich bereit erklären, zu üben und dann die Leidensgeschichte mit verteilten Rollen zu lesen."

„Junge Männer?" Der Pfarrer besann sich einen Augenblick und wandte sich dann an Paul: „Was halten Sie davon?"

Erst wollte sich Paul vor einer eindeutigen Antwort drücken und wich aus: „Ich bin hier der Küster. Dazu noch im Nebenamt. Für die Liturgie ..."

„Auf einmal", entrüstete sich Pfarrer Schulte-Westernkotten, „auf einmal wollen sich die Laien raushalten. Sie sprechen hier sozusagen für das gläubige Volk. Oft wird mehr Demokratie in der Kirche gefordert, und wenn es dann ernst wird, dann macht man es sich bequem und schiebt die Entscheidungen und die Arbeit den Priestern zu."

„Da ist was dran", gab Paul zu. Er raffte sich auf und hielt mit seiner Meinung nicht länger hinter dem Berg. „Wenn Sie mich fragen, Herr Pfarrer, dann will ich es rundheraus sagen. Ich denke, es wäre sehr gut, wenn die Passion von kräftigen, klaren Stimmen vorgetragen würde. Von Jesus weiß man ja, dass er 33 Jahre alt war, und die Apostel waren vielleicht noch jünger."

„Also mich hat es nicht gestört, dass Herr Scholz, der Pfarrgemeinderatsvorsitzende, schon über siebzig ist. Schließlich hat ihn der Gemeinderat gewählt. Er repräsentiert also quasi die Gemeinde", sagte der Pfarrer.

„Aber seine Stimme, seine Stimme!", wandte Kaplan Mergentrup voll Eifer ein.

Paul spürte, wie Pfarrer Schulte-Westernkottens Gemüt sich verfinsterte. Er war längst aus den Sturm- und Drangjahren heraus, ja, er reagierte ungeduldig, wenn zu schnell zu vieles neu eingeführt werden sollte. „Man darf die Gemeinde nicht vor den Kopf stoßen", war ein oft von ihm gesprochenes Wort.

Genauso begann Paul und redete auf den Pfarrer ein: „Man darf die Gemeinde nicht vor den Kopf stoßen, Herr Pfarrer. Aber was sollte man gegen kräftige, klare Stimmen einzuwenden haben? Außerdem, ist es nicht auch wichtig, dass gerade junge Männer sich aktiv engagieren, dass sie mittun, dass sie Verantwortung mittragen?"

„Wahr, wahr", stimmte der Pfarrer zu. Er starrte einen Augenblick vor sich hin, und Paul befürchtete schon, dass Kaplan Mergentrup sich ungeschickt in diese Überlegenspause drängen würde, da sagte der Pfarrer unwirsch: „Also gut! Üben Sie! Versuchen Sie es! Aber wer bringt das Herrn Scholz bei und wer unserem Organisten Kronsalza?"

„Das übernehme ich gern", bot sich Paul an. „Ich sehe beide am nächsten Donnerstag nach der Gemeinderatssitzung."

„Na, dann", sagte der Pfarrer und verließ die Sakristei.

„Sie sprachen von kräftigen, jungen Männerstimmen. Könnten Sie mir nicht ein paar Namen nennen?", fragte Kaplan Mergentrup. Das war seine Art, für die Unterstützung seiner Idee zu danken.

„Na, da suchen Sie mal selbst", wehrte Paul ab. „Sie haben den Mund ziemlich voll genommen. Jetzt lassen Sie die Taten folgen."

Paul strebte dem Ausgang zu. Kurz vor der Tür drehte er sich noch einmal um und schlug vor: „Vielleicht denken Sie an Willi Liesen. Der ist einer von den zuverlässigen älteren Messdienern. Und eine glockenhelle Stimme hat der. Er ist sicher nicht der Schlaueste, aber für die paar Jesusworte ist er jederzeit gut."

„Danke für den Tipp", antwortete der Kaplan.

Schon am nächsten Tag flatterte neun jungen Männern eine schriftliche Einladung ins Haus. Es gäbe eine wichtige Angelegenheit zu besprechen. Am Montagabend um 20 Uhr lud Kaplan Mergentrup zu sich in die Wohnung ein.

„Haben Sie 'ne Ahnung", fragte Willi Liesen den Küster am Sonntag in der Sakristei, „haben Sie 'ne Ahnung, Herr Drusen, was der Kaplan im Schilde führt?"

Paul zuckte nur die Schultern, fügte aber dann

doch hinzu: „Soll ziemlich wichtig sein. Irgendwas mit Sprechen."
Fritz Pollers lachte und sagte: „Klar! Wie sollte ohne Sprechen eine Besprechung möglich sein?"
„Grünschnabel!", murmelte Paul leise vor sich hin.
Die Geheimnistuerei bewirkte, dass alle jungen Männer pünktlich die Sitzmöbel im Wohnzimmer von Kaplan Mergentrup drückten.
Der Kaplan spannte die Gesellschaft nicht lange auf die Folter, sondern machte bekannt, dass der Pfarrer endlich einer wichtigen Neuerung zugestimmt habe. Jetzt käme alles auf die jungen Männer selbst an. Sie nämlich seien gefordert, die Leidensgeschichte am Palmsonntag im Gottesdienst vorzutragen.
Überraschend schnell erklärten sich einige bereit. Fritz Pollers machte zwar geltend, dass er stark lispele, und Manfred Böckemöhl bekannte, dass er ins Stocken gerate, wenn er vor einer größeren Anzahl Menschen etwas vortragen müsse. Aber Klaus Lückenotte war Feuer und Flamme. Er wolle die erzählenden Texte lesen. Das sei der größte Teil der Lesung. Für die kleineren Passagen fanden sich ebenfalls schnell Lösungen. „Die Jesusstimme übernimmt am besten Willi Liesen", schlug der Kaplan vor.
Willi staunte zwar, aber er fühlte sich ermu-

tigt. Keiner übte so intensiv wie er. Keiner hatte so viele Fragen. Besonders an dem Satz „Eli, Eli, lama sabachtani" biss er sich fest. Der Kaplan erklärte, dass das „Gott, mein Gott, warum hast du mich verlassen" heiße. Willi Liesen schaute ihn zweifelnd an und fragte: „Und das soll Jesus im Ernst gesagt haben?"
Der Kaplan wunderte sich über diese Frage und dachte, dass Paul doch vielleicht nicht ganz recht hatte mit seiner Behauptung, der Willi sei im Oberstübchen eher bescheiden ausgestattet.
„Weißt du, Willi, dieses Jesuswort kann wirklich nachdenklich machen. Aber du siehst das sicher ganz anders, wenn du weißt, dass diese Worte die Verse eines Psalmes sind, der Anfang eines Gebetstextes. Jesus betete. Das war alles."
Es gab in der Gruppe noch eine lebhafte Auseinandersetzung, ob Willi diesen Satz in aramäisch sagen sollte, nämlich eben „Eli, Eli, lama sabachtani" oder deutsch oder zunächst aramäisch und dann: „das heißt: Gott, mein Gott ..."
„Streit um des Kaisers Bart", entschied Kaplan Mergentrup. „Du kannst dir aussuchen, Willi, wie du es lieber sagst. Nur, wenn schon aramäisch, dann bitte ein kurzes ‚Eli'. Kapiert?"
Willi Liesen nickte und versank in Nachden-

ken. „So reden wie Jesus", sagte er leise, „wirklich in der Sprache wie Jesus!" Seine Augen glänzten. Kaplan Mergentrup bemerkte es und dachte zum zweiten Male an diesem Abend: Den Willi hat's ergriffen. Gut, dass Paul Drusen mir den Namen nannte. Der Willi hat eine Antenne für die Worte der Schrift.

Das zu erkennen, war Kaplan Mergentrup sensibel genug. Aber hätte er nicht auch in seine Überlegungen einbeziehen müssen, dass das Proben vor dem Mikrophon in der menschenleeren Kirche eine andere Sache ist als das Vorlesen der Texte vor sechshundert Ohren, angestarrt von ebenso vielen Augen? Hätte er sich nicht erinnern müssen, wie weich ihm die Knie geworden waren, als er zum ersten Male vor vielen sprechen musste? Vielleicht fiel ihm das ein, als die Lesung vom Leiden und Sterben unseres Herrn nach Markus am Palmsonntag begann. Aber er hatte ein gutes Gefühl. Besser jedenfalls konnte niemand diesen Teil der Liturgie einüben. Und tatsächlich lauschte die Gemeinde gebannt. Es lag Kraft und Klarheit in den jungen Stimmen. Selbst Pfarrer Schulte-Westernkotten stieg mit dem Fortschreiten der Texte ein warmer Glanz in die Augen. Paul saß im Schatten eines Pfeilers. „Endlich", schoss es ihm durch den Kopf, und er meinte damit, dass sich endlich kein Ärger über Patzer einschleichen brauchte, dass er endlich ganz in den Texten versinken konnte. Und wie klar und hell Willi Liesens Stimme bis in den äußersten Winkel des Kirchenschiffes drang! Es war eine dem Ernst des Tages angemessene Lesung, das spürte wohl jeder in der Gemeinde. Aber dann brach das Missgeschick doch herein. Willis oft bedachtes Psalmwort auf den Lippen des Herrn musste gesprochen werden. Laut und überall zu hören war Willis Version: „Elli, Elli, warum hast du mich verlassen?"

Der Kaplan hätte sich vermutlich am liebsten in den Boden eingegraben, wäre nur ein Spaten zur Hand gewesen. Die Lesung stockte. Erschrecken, Gemurmel, unterdrücktes Kichern wallte aus den Bänken hin bis zu den Lektoren. Klaus Lückenotte fasste sich als erster. Mit ruhiger Stimme las er weiter und brachte durch sein entschlossenes Handeln die Gemeinde wieder zur Besinnung.

Der Gottesdienst war zu Ende. Messdiener, Lektoren und Priester schritten zurück in die Sakristei.

Dort herrschte zunächst betretene Stille. Willi Liesen stand da mit tief gesenktem Kopf, den Rücken gegen den Paramentenschrank gestützt.

„Du hast alles ..." versaut, wollte Böckemöhl zu Willi sagen, aber der Pfarrer wies ihn zurecht.

„Seien Sie still", brummte er, trat dicht an Willi Liesen heran, legte ihm väterlich die Hand auf die Schulter und sagte: „Das, junger Mann, kann bei der Aufregung jedem passieren. Ich habe, als ich im Anfang predigte, einmal sagen wollen ‚ihr biederen Ehemänner'. Und was habe ich gesagt? Ihr ‚ehernen Biedermänner' habe ich gesagt. Im Übrigen", der Pfarrer wandte sich an den Kaplan und an die ganze Gruppe: „Sie haben mich überzeugt, dass junge, kräftige Stimmen als Lektoren sehr gut geeignet sind. Sie sollten häufiger die Lesung übernehmen. Und Sie auch, Willi Liesen. Sie haben eine zum Vorbeten und Vorlesen besonders geeignete Stimme in die Wiege gelegt bekommen. Ich bin jedenfalls sehr froh, dass der Kaplan mir das Ja zu dieser Neuerung abgerungen hat. Gelobt sei Jesus Christus!"
„In solchen Situationen ist der alte Schulte-Westernkotten mit Gold nicht zu bezahlen", flüsterte Paul dem Kaplan zu.
„In Ewigkeit, Amen", stimmte der zu, und ein erstes, noch zaghaftes Lachen überflog sein Gesicht, als er sich an die Gruppe wandte und sagte: „Zum Dankeschön lade ich euch am Montag zu einem Osterspaziergang mit Umtrunk ein."
„Mit oder ohne?", fragte Klaus Lückenotte.
„Wie meinst du das?", fragte der Kaplan.
„Na, mit oder ohne Elli?"

„Er meint seine Freundin", erklärte Fritz Pollers.
„Ich komme ohne", flachste der Kaplan.
„Aber ihr seid selbstverständlich mit Anhang eingeladen, soweit ein solcher vorhanden ist."

Paul und die Hirschhornknöpfe

Beim Auszählen der Kollektengelder am ersten Sonntag in der Fastenzeit waren Hildegard Herbst, der Küster Paul und Pfarrer Schulte-Westernkotten noch belustigt. Unter den Münzen und Scheinen befand sich ein leicht abgewetzter Hirschhornknopf, eingefasst in ein schmales Metallrändchen, sorgfältig gearbeitet zwar, aber doch wohl nicht ganz das, was der Pfarrer nach seinem feurigen Aufruf, für einen neuen Leuchter zu spenden, erwartet hatte. Der neue Leuchter sollte die Osterkerze tragen. Ein durchaus edler Zweck also, dem die Kollekte zugedacht war. Der Pfarrer hatte den Leuchter bei einem Goldschmied in der Landeshauptstadt gesehen. Mit dem Vorstand des Pfarrgemeinderats war er zu dem Künstler gefahren. Alle, außer Dr. Schuster, waren dafür, während der gesamten Fastenzeit für diesen Leuchter zu sammeln. Und dann ein Knopf im Körbchen …
Am zweiten Sonntag hatte wieder jemand dem Sammelergebnis einen Knopf untergeschoben. Diesmal reagierte Pfarrer Schulte-Westernkotten schon leicht gereizt.
„Es will sich jemand über unsere Leuchterkollekte lustig machen", sagte er ärgerlich. Aber ein Irgendjemand ist schlecht auszumachen.

Sicher, es lag der Name Dr. Schuster in der Luft, der schon früher und wiederholt durch seine Kritik aufgefallen war, wenn es um die Ausschmückung der Kirche ging, und der viel lieber gesehen hätte, wenn alle Gelder aus der Gemeinde in die Entwicklungshilfe geflossen wären. Gegen die Absicht, einen Osterleuchter von einem bedeutenden Künstler zu kaufen, hatte er sogar in einem offenen Brief protestiert und war mit einer Unterschriftenliste durch einige Familien gegangen.

Nach dem dritten Sonntag hielten die Geldzähler neugierig nach dem Hirschhornknopf Ausschau. Sie wurden nicht enttäuscht. Paul sagte später zu Gret: „Der Pfarrer bekommt schon einen ziemlich starren Blick, wenn er den Knopf sieht, und aus seinem Kragen zieht es rot heraus bis zu den Ohren."

„Bring doch den Knopf mal mit zu uns nach Hause. Ich möchte das Ding gern sehen", bat Gret.

Paul trug gleich alle drei „Dinger" nach Hause. Auch an den folgenden Sonntagen wurde man im Pfarrhaus beim Zählen fündig. Jedes Mal brachte Paul einen Hirschhornknopf mit und lieferte gleich eine Geschichte dazu, eine Geschichte vom steigenden Ärger des Pfarrers.

„Ich habe ihm angeboten", sagte Paul, „dass ich die Männer, die die Kollekte einsammeln, scharfmache, den Knopfspender herauszufin-

den. Aber da ist Schulte-Westernkotten richtig wütend geworden. ‚Niemals wird mich der Strolch auf sein Niveau hinabziehen. Ich werde niemand zum Spionieren veranlassen.'"
„Das fände ich auch nicht gut", sagte Gret. „Wie viel jeder spendet, das ist eine sehr persönliche Sache. Das geht niemand etwas an."
„Wie viel jeder gibt, ist seine Sache. Das sehe ich ein", antwortete Paul. „Aber gilt diese Diskretion auch für das, *was* einer gibt? Müssen wir es so einfach hinnehmen, wenn einer unsere gute Absicht ins Lächerliche zieht? Wenn irgendeiner aus dem Verborgenen heraus Schmutz auf unseren Osterleuchter wirft? Müssen wir so etwas wirklich ohne Gegenwehr hinnehmen?"
Gret lachte laut auf. „Mann", sagte sie, „ich kenne dich ja gar nicht wieder. Hast du denn jeden Sinn für Humor verloren? Auch ist ein Knopf ein Knopf und keineswegs Schmutz, wie du sagtest. Außerdem", sie drehte den Hirschhornknopf zwischen Daumen und Zeigefinger, „außerdem sind das sehr, sehr schöne Knöpfe."
„Alter Kram", knurrte Paul.
„Sicher", stimmte Gret zu. „Aber gerade deshalb. Alte, sehr sorgfältige Handarbeit. Ich könnte mir vorstellen …" Sie schaute abwägend auf Pauls graue Jacke und hielt probehalber den gelblich schimmernden Knopf daran.

„Unterstehe dich", fauchte Paul. „Der Pfarrer würde einen Herzanfall bekommen, wenn er an meiner Jacke eine Provokation dieser Art entdeckte."
„Es sind ja auch zu wenig Knöpfe für eine Jacke", tröstete Gret ihren Mann.
Am siebenten und letzten Kollektensonntag waren es dann nicht mehr zu wenig Knöpfe für eine Jacke. Sieben große Hirschhornknöpfe hatte Gret in ihre Nähtischschublade gelegt. Am siebten Sonntag hatte der Pfarrer sich bedankt. Für das gespendete Geld sage er „Vergelt's Gott", hatte er der Gemeinde gesagt. Die genaue Summe werde er am Ostersonntag, wenn alles ausgezählt sei, mitteilen. Eines aber könne er bereits an diesem Palmsonntag genau angeben. Sieben Knöpfe seien unter den Spendengeldern gewesen. Sechs habe er an den vorausgegangenen Sonntagen, jeweils einen in jeder Kollekte, gefunden, und er wolle darauf wetten, dass auch an diesem Sonntag gewiss wieder einer dabei sei.
Niemand nahm die Wette an. So etwas war in einem Haus Gottes sicher auch zu ungewöhnlich. Der Pfarrer hätte die Wette übrigens gewonnen. Das wäre ihm nicht unangenehm gewesen. Denn, um den Leuchter vollends bezahlen zu können, fehlten trotz der Spendenwilligkeit noch etliche hundert Mark. Dennoch beschloss der Pfarrer, den Leuchter zu

kaufen. Irgendwie würde er das fehlende Geld schon auftreiben. „Und wenn ich es zusammensingen muss", drohte er.

„Wenn er das der Gemeinde gesagt hätte", lachte Paul, als er es Gret erzählte, „dann wäre ohne Mühe der Rest zusammengekommen; denn um sich von des Pfarrers Gesang freizukaufen, wäre vielen jede Summe recht gewesen."

„Du übertreibst mal wieder", sagte Gret. „Ich finde, er hat eine kräftige Stimme."

Am Montag las Gret es zufällig unter den Kleinanzeigen. Erst dachte sie an einen weiteren Knopfscherz, aber bei genauerem Zusehen kam ihr die Notiz doch seriös vor. Ein Antiquitätengeschäft in der Landeshauptstadt vermeldete, dass es neben allgemeinen Altertümern das größte Haus für historische Knöpfe sei. An- und Verkauf. Gret las ein zweites Mal, umrandete die Anzeige mit einem Rotstift und legte es Paul neben die Kaffeetasse. „Unsinn", befand Paul und schob den Anzeigenteil beiseite.

„Vielleicht doch nicht ganz?", zweifelte Gret. „Man könnte es doch mal versuchen."

„Hirnrissiger Unsinn", maulte Paul ärgerlich. „Sind die Knöpfe etwa historische Knöpfe? Hat Kaiser Wilhelm sie am Jackett getragen? Hatte Napoleon Hirschhornknöpfe an seiner Uniform? Oder knöpft der Papst seine Soutane mit Hirschhornknöpfen zu?"

„Ich weiß es nicht", sagte Gret. „Aber schöne Knöpfe sind es auf jeden Fall. Auffallend schöne Knöpfe."

„Auffallen sollten sie ja auch", gab Paul zu, „auffallen und uns ärgern. Sonst hätte der Mensch ja ganz einfach Hosenknöpfe in das Kollektenkörbchen werfen können oder Wäscheknöpfe. Das passiert gelegentlich. Dabei denkt jeder an einen Dummejungenstreich. Aber Hirschhornknöpfe mit silberner Fassung, die schmeißt kein Kind fort. Das ist es ja gerade. Darin liegt ja die Absicht und die Niedertracht. Das war ein Erwachsener. Einer, der gegen den Kauf des Osterleuchters auf eine hinterhältige Weise protestiert. Da ist mir Dr. Schuster schon lieber. Der sagt wenigstens offen, was er davon hält, fast sechstausend Mark für einen Osterleuchter auszugeben."

„Verstehen kann ich ihn ein wenig", sagte Gret. „Viel Geld ist das. Und in anderen Ländern geht es den Leuten schlecht. Vielleicht wäre es tatsächlich besser, die Spenden für die Menschen in Not zu verwenden."

„Nun fang du auch noch so an", fauchte Paul. „Es geht bei dem Osterleuchter ja um etwas ganz anderes. Die Osterkerze, das ist ein Zeichen für Christus selber. Sein Licht strahlt in die Dunkelheit unserer Zeit. Um das zu zeigen, ist kein Leuchter schön genug."

„Klingt wie eine Predigt", spottete Gret.

Paul schaute sie zornig an.
Da lenkte sie ein und sagte: „Ist ja wahrscheinlich auch richtig. Leuchter *und* Entwicklungshilfe, nicht Leuchter *oder* Entwicklungshilfe."
„Genau", sagte Paul, halb versöhnt.
„Aber das mit den Knöpfen und dem Antiquitätenladen, das geht mir nicht aus dem Sinn. Ich möchte sowieso schon seit langem in die Landeshauptstadt. Ich könnte es ja einmal versuchen", beharrte Gret.
„Wenn du dich unbedingt lächerlich machen willst, dann fahre doch", sagte Paul. „Aber ich kann in dieser Osterwoche nicht mit. Es sind noch tausend Dinge vorzubereiten."
„Vielleicht könnte der Pfarrer mich mitnehmen, wenn er den Leuchter abholt."
„Sicher", sagte Paul. „Mitnehmen würde er dich schon. Aber erwähne bitte nicht die Knöpfe. Damit würdest du ihm die Freude über den Osterleuchter erheblich schmälern."
„Muss ja auch nicht sein." Gret legte die Knöpfe in einer Reihe auf den Nähtisch, reinigte sie sorgfältig und polierte die silbernen Fassungen, bis sie glänzten. Paul nahm einen der Knöpfe in die Hand und gab zu: „Sie sind tatsächlich nicht übel."
Genau dasselbe sprach zwei Tage später der Antiquitätenhändler, ein schmaler älterer Herr.

„Nicht übel", sagte er, „tatsächlich, nicht übel."

Gret stand mit dem Rücken zu dem Händler gewandt und schaute sich einen sehr schönen alten Spiegel an. Der Mann redete sie an und machte ein Angebot.

„Ich würde Ihnen für jeden der Knöpfe achtzig Mark geben können", sagte er beiläufig.

Gret sah im Spiegel, wie ihr die Farbe aus dem Gesicht wich. Sie vermochte nicht einmal, sich umzudrehen, so schwach wurde es ihr in den Knien.

Der Händler nahm eine große Lupe vom Tisch und fixierte einen Knopf lange.

„Vielleicht auch hundert", setzte er zögernd hinzu. Als Gret sich nun mit einem Ruck umwandte, legte er den Knopf zu den anderen auf den Tisch zurück und sagte: „Hundert pro Stück. Das ist mein äußerstes Limit."

Gret war es gleichgültig, was er mit Limit meinte, sie nickte. Der Mann ging zur Registrierkasse. Die Schublade sprang mit lautem Geklingel auf. Er entnahm dem hinteren Fach sieben blaue Hundertmarkscheine und reichte sie der Knopfverkäuferin hinüber.

Gret stopfte die Scheine, immer noch verwirrt, in ihre Handtasche. „Könnten Sie mir eine Art Quittung schreiben?", bat sie. Blitzartig schoss ihr durch den Kopf, dass dieser Handel schwarz auf weiß besiegelt werden müsse, damit ihr Mann, der Pfarrer oder wer immer davon hörte, ihr glauben würde. Ohne Beweis würden sicher alle eine erfundene Geschichte vermuten und argwöhnen, Küsters Frau wolle selbst aus der eigenen Tasche siebenhundert Mark für den Osterleuchter in auffälliger Weise spenden.

Der alte Herr suchte einen Zettel hervor und schrieb mit einem uralten Federhalter: „Ankauf von sieben silbergefassten Hirschhornknöpfen aus dem 18. Jahrhundert, das Stück zu je 100,– (einhundert) DM." Stadt, Datum und Name.

„Genügt das?", fragte er.

Gret sagte zaghaft: „Einen Stempel. Könnten Sie Ihren Firmenstempel daraufsetzen?"

Der Händler schaute Gret aufmerksam an, lächelte belustigt und kramte einen Stempel hervor, hauchte ihn an und drückte ihn auf die Quittung.

„Ich nehme an", sagte er, „ich hätte die Knöpfe von Ihnen auch zu einem geringeren Preis bekommen?"

„Ich denke schon", gab Gret zu, sagte „Auf Wiedersehen" und lief zu dem Parkhaus, vor dem sie Pfarrer Schulte-Westernkotten treffen wollte. Sie musste eine Weile warten, bis er kam. „Wir fahren bei dem Goldschmied vorbei", sagte er. „Der Leuchter ist schwer, zu schwer, um ihn herzuschleppen."

„Fehlt noch viel Geld?", fragte Gret ihn.
„Ein runder Tausender fehlte schon", sagte der Pfarrer.
Gret öffnete ihre Tasche und reichte ihm die Quittung hinüber. Er rückte seine Brille zurecht und las. Als er wie vom Donner gerührt aufschaute und sie anstarrte, hielt sie ihm die sieben blauen Scheine entgegen. „Das ist doch …", stammelte er, „… wie ein Wunder", ergänzte Gret, und sie erzählte ihm, wie sie auf die Idee gekommen sei, die Knöpfe in dem Antiquitätengeschäft anzubieten.
Es war ein Glückstag. Denn der Goldschmied hörte ebenfalls die Geschichte, legte das Geld in die Kasse und sagte: „Na, bei einem solchen Fingerzeig will ich auch nicht zurückstehen. Bei dieser Barzahlung räume ich Ihnen ein Skonto von dreihundert Mark ein. Wir sind also quitt. Sie haben den Leuchter, und ich habe mein Geld."
Der Pfarrer sang vergnügt während der ganzen Rückfahrt. „Nicht gerade bühnenreif", befand Gret, „aber so schlecht, wie Paul es immer darstellt, singt er nun wirklich nicht."
„Frau Drusen", sagte der Pfarrer fröhlich, „das haben Sie ganz wunderbar eingefädelt. Manchmal bedauere ich doch, dass wir Geistlichen auf den Zölibat verpflichtet sind. Mit Frauen geht eben doch einiges erheblich besser."
Er bat Gret darum, über diese Sache zunächst

nichts über ihre Lippen kommen zu lassen. Ostern wolle er die Geschichte von der Kanzel erzählen. Außerdem sei er dem Knopfspender einen besonderen Dank schuldig. Er wolle ihm eine Spendenquittung anbieten. Dann werde sich ja herausstellen, wer es gewesen sei, der ihm während der Fastenzeit so harte Übungen zur Beherrschung des Zorns aufgegeben habe.
In der Osternachtsmesse wurde die große Kerze mit den roten Malen, dem Alpha und Omega und der Jahreszahl auf den Leuchter gestellt.
„Herrlich", flüsterte Gret ihrem Nachbarn zu. Zufällig war das Dr. Schuster.
„Ja", knurrte der. „Ein wirklicher Schmuck für unsere Kirche."
Es kam Gret so vor, als ob das Osterhalleluja in dieser Nacht noch mehr als sonst voller Jubel war. Und der wurde auch nicht dadurch geschmälert, dass niemand in den nächsten Wochen im Pfarrbüro um eine Spendenquittung nachsuchte.

Paul und der Puppentrick

Gret konnte es schon von weitem an seinem Gesicht ablesen: Es hatte wieder Ärger gegeben. Bis vor ein paar Monaten war Paul mit dem Pfarrer Schulte-Westernkotten immer gut ausgekommen. Aber dann hatte es gedonnert. Mit rotem Kopf war zuerst der Pfarrer und dann sein Küster Paul aus der Sakristei gestürmt. Lange aufgestauter Ärger hatte sich wild entladen. Über Pauls Haupt entladen, obwohl der, genau genommen, eigentlich nichts damit zu tun hatte. Denn die Säuberung des Klos für die Geistlichen lag in den bewährten Händen von Katharina, die die Kirche und die Sakristei putzte. Und an eben diese Sakristei angebaut waren zwei Klos: eins für die Messdiener, eins für die Geistlichen. Das für die Geistlichen hatte ein Keramik-Waschbecken, das für die Messdiener war aus Gusseisen. Außerdem war die Wasserspülung, Kette mit Porzellangriff, bei den Messdienern sechsmal im Jahr, im Priesterklo niemals defekt. Schließlich war im Messdienerklo die Tür von innen mit allerlei Lebensweisheiten bemalt, nichts Anrüchiges zwar, aber immerhin. Die Priesterklotür hingegen glänzte makellos weiß lackiert. Im übrigen jedoch waren beide Klos zwillingshaft gleich. Ach, eine Kleinigkeit

noch: Während das Fenster des Messdienerklos mit Mattglas versehen war, hatte das Klo für die geistlichen Herren ein bleiverglastes Fenster. Es war ein Dreieckssymbol mit einem eingeschlossenen Kreis dargestellt. Darunter stand, damit kein Missverständnis möglich war: Ein Auge ist, das alles sieht ...
Trotz dieser massiven Warnung war es jedoch in den letzten Wochen immer wieder vorgekommen, dass die Messdiener ihr Klo verschmähten und das Priesterklo bevorzugten. Da nun zeigte Schulte-Westernkotten eine gewisse Empfindlichkeit. Er mahnte, ließ das Messdienerklo neu streichen, veranlasste, dass auch neben dem Gussbecken Handtücher aufgehängt wurden. Aber alle Mühe blieb für die Katz. Die grauen Spuren schmutziger Hände in seinem blütenweißen Handtuch wiesen das aus. Auch war in seinem Klo wiederholt Wasser verspritzt und der Deckel nicht geschlossen worden, worauf er selber peinlich genau achtete. Manchmal war sogar das bleiverglaste Fenster nicht geöffnet worden. Das verdross ihn vollends. Er, der niemals zuvor mit den Messdienern geschimpft hatte, tat dies jetzt ausgiebig.
Drei Tage ging es gut. Aber dann war es wieder so weit. Die ausgetriebenen Teufel kehrten fürchterlicher zurück, als sie gegangen waren. Hatte sich doch so ein Bengel erdreistet, die

Klotür zu bekritzeln, obwohl sie genau dem Bleiglasfenster gegenüber lag, also voll im Blickfeld jenes Auges, das alles sieht …

„Irgendein Schmierfink", grollte Pastor Schulte-Westernkotten und wies mit dem Daumen zur Klotür hin. Paul sah nach und stellte fest, dass ein lindenblattgroßes Herz mit Pfeil sorgfältig mit einem roten Kugelschreiber aufgemalt worden war. Und darunter stand: Hansi liebt Lotti.

„Sie müssen besser aufpassen", hatte der Pastor gesagt. Das hatte Paul ziemlich gewurmt. Für die Messdiener war schließlich Kaplan Mergentrup zuständig. Außerdem konnte er nicht den ganzen Tag in der Sakristei auf der Lauer liegen.

Paul ging in den passiven Widerstand, das heißt, er kümmerte sich überhaupt nicht mehr darum, welches Klo von wem benützt wurde. Schließlich war er Küster im Nebenberuf und nicht Klofrau im Kirchendienst.

Wochenlang brodelte der Klostreit im verborgenen. Erst an dem Tage, als der Bischof seinen Besuch angekündigt hatte und der Pfarrer nervöser war als sonst, brach er voll aus. Hatte doch einer der kleinen Burschen an die Klotür gekritzelt: Müssen Bischöfe auch aufs Klo? Mit rotem Kopf war Pfarrer Schulte-Westernkotten in die Sakristei gestürmt. Zum ersten Male vermutlich kam es in dem der Kirche so nahe liegenden Raum vor, dass ein Priester fluchte.

„Verdammt noch mal", entschlüpfte es dem Munde, der sonst nur das Lob Gottes sang, „es muss doch möglich sein, hier Ordnung zu schaffen. Tun Sie doch endlich was, Paul."

„Ist nicht mein Bier", sagte Paul patzig, eine Reaktion, die wohl nur durch den aufgestauten Groll zu erklären ist.

„Wofür bekommen Sie denn eigentlich Ihr Geld?", hatte der Pfarrer da ziemlich laut geschrien. Und das vor den weit aufgespannten Ohren dreier Messdiener.

„Nicht als Wachkommando für Priesterklos", hatte Paul noch ein paar Kohlen aufs Feuer gelegt.

Schließlich war zuerst der Pastor, dann Paul rot vor Wut aus der Sakristei gestürmt.

„Ich schmeiß ihm die Klamotten vor die Füße", schimpfte Paul zu Hause weiter. „Habe ich etwa nötig, mir das gefallen zu lassen?"

Gret konnte ein Lächeln nicht unterdrücken.

„Ich werde mich nach einem anderen Küster umsehen", brummte der Pastor. Seine Haushälterin konnte ein Lächeln nicht unterdrücken.

Möglicherweise hätte dieser Schwelbrand der Unzufriedenheit mit Zuständen und Personen noch bösere Folgen gehabt. Doch Gret schlug vor, mit List dem Übelstand zu Leibe zu rücken, wenn schon das Schimpfen des Pfarrers und die Mahnungen des Küsters keinerlei Eindruck auf die Messdiener machten.

„List", schnaubte Paul verächtlich. „Soll ich etwa das Schildchen umdrehen, damit es besetzt zeigt, wenn das Klo in Wirklichkeit frei ist?"

„Gar nicht schlecht", lobte ihn Gret. „Aber ich habe noch einen viel besseren Einfall."

Sie tuschelte Paul etwas ins Ohr. Pauls Miene hellte sich von Wort zu Wort mehr auf. Die schlechte Laune flog davon. Schließlich lachte er laut.

„Ob's klappt oder nicht, Gret, das wird auf jeden Fall versucht."

Am nächsten Tag saß Gret an der Nähmaschine.

Paul besorgte Holzwolle und einen ziemlich großen Haken. Den Sack mit Holzwolle stellte er zunächst in der Waschküche ab. Den Haken jedoch brachte er in der Wand des Priesterklos an. Fachmännisch: Bohrloch, Dübel, Haken. Gerade packte er die Bohrmaschine ein, als Pfarrer Schulte-Westernkotten die Sakristei betrat. Etwas kleinlaut. Das kam bei ihm selten vor.

„Schon wieder etwas nicht in Ordnung mit dem Klo?", fragte er höflich. „Doch, alles in Ordnung", antwortete Paul und schmunzelte.

„Ich sollte ganz einfach beide Klos für alle zur Verfügung stellen", sagte der Pastor.
„Ein Klo für die Messdiener reicht völlig aus", widersprach Paul. „Meine Gret, Herr Pastor, die hatte einen listigen Gedanken. Ich glaube, wir können das Problem lösen."
„So?", fragte der Pastor misstrauisch.
Paul flüsterte auf ihn ein. Das Pastorengesicht wurde rund vor Vergnügen. Schließlich tönte durch die Sakristei das altvertraute Lachen, und alle Klo-Miseren schienen vergessen.
„Und wozu haben Sie den Haken eingelassen?"
„Na, irgendwo müssen wir den Kerl doch aufhängen."
Nun war mit dem Kerl keineswegs ein widerrechtlicher Benutzer der geistlichen Toilette gemeint, sondern jener Kerl, lebensgroß, der unter den geschickten Händen Grets entstand.
Sie nähte und stopfte zwei lange Abende. Dann war eine Puppe mit menschlichen Maßen fertig. Mit dem Hals hatte es nicht so ganz ihren Vorstellungen entsprechend gelingen wollen. Die Puppe ließ den Kopf ziemlich tief hängen. Aber das musste für den Zweck, den sie erfüllen sollte, kein Nachteil sein.
Es war schon ziemlich spät, als Paul und Gret die Puppe zum Pfarrer Schulte-Westernkotten hinübertrugen. Messdiener lagen um diese Zeit längst in ihren Betten. Die Turmuhr schlug zwölf, da erst war das Werk vollendet.

Ein abgelegter schwarzer Anzug, ein steifer, weißer Kragen von anno dazumal, eine grauhaarige Karnevalsperücke. Kurzum, die Puppe hatte das Aussehen eines nicht mehr ganz jungen, im Dienste des Herrn ergrauten Priesters. Am nächsten Morgen in aller Herrgottsfrühe schaffte Paul den „Monsignore" – dazu jedenfalls war er am späten Abend des Vortages während des Ankleidens nach einer Flasche alten Rotweins aus Pastors Keller ernannt worden – in die Sakristei und gleich weiter ins Priesterklo. Das vom Bleiglasfenster gefilterte Licht verlieh „Monsignore" ein höchst lebendiges Aussehen. Es ist umstritten, ob das „Auge Gottes" von Lachfältchen umzogen wurde. Jedenfalls schmunzelten der Pfarrer und der Küster in den nächsten Tagen immer wieder, wenn aus der Klo-Ecke ein ziemlich verwirrtes „Verzeihung" oder „Entschuldigung" zu hören war.

Die Messdiener rätselten herum, wer wohl der offensichtlich von starkem Durchfall geplagte Priester sein könne, der das Klo blockierte. Für den neuen Kaplan war der Haarschopf zu grau, und der Bischof war erst vierzehn Tage später angesagt.

Diese vierzehn Tage jedenfalls genügten, den Messdienern den Gang in die den Geistlichen vorbehaltenen Gefilde abzugewöhnen. „Monsignore" hatte seine Pflicht getan. Das Handtuch blieb blütenweiß. Kein Wässerchen wurde mehr verspritzt.

Gelegentlich, wenn ein Eingeweihter den nun wieder stillen Ort benützen wollte, wurde „Monsignore" an den Haken gehängt. Erst nach dem Händewaschen musste er wieder seinen Posten beziehen und die Stellung halten.

Alles war also aufs Beste geregelt. Der Friede war in die Sakristei zurückgekehrt. Und dabei blieb es auch, selbst als sich nach dem festlichen Hochamt der Bischof erkundigte, wer denn der Monsignore sei, der die Klotür nicht hinter sich abgesperrt habe.

Die erste Verlegenheit löste sich nach einer Weile. Der Pfarrer flüsterte dem Bischof ein paar Sätze ins Ohr. Als es später schwierige Probleme zu bereden gab, seufzte der Bischof: „Ich glaube, wir müssen ‚Monsignore' bitten. Vielleicht kann der helfen."

Und das soll zuweilen heute noch in der Gemeinde ein von vielen verstandener Ausspruch sein.

Paul, der Pechvogel

Eines Tages hatte Paul den Entschluss gefasst: Er wollte seiner Frau eine Aufschnittmaschine kaufen, eine elektrische, versteht sich. Stolz verkündete er beim Frühstück seinen Plan, und Gret dachte bei sich: Schmiede das Eisen, solange es heiß ist.

Sie eilte hinauf ins Schlafzimmer, öffnete die Kleiderschranktür, und zwischen dem dritten und vierten Oberhemd im untersten Schrankfach zog sie das rote Sparbuch hervor.

Paul steckte es in die Seitentasche seiner Jacke und bedauerte, dass diese keinen Reißverschluss hatte, wie er das bei dem Jackett seines Arbeitskollegen Fritz gesehen hatte. Sparkassenbücher kann man verlieren, dachte er.

Er ging hinaus und holte sein Fahrrad aus dem Schuppen. Ein ziemlich alter Drahtesel war das, um es genau zu bezeichnen. Umständlich stieg er in den Sattel und radelte los. Mit der rechten Hand hielt er den Lenker, mit der linken winkte er Gret zu.

„Ein Elend mit den Autos", murmelte er, als ein Mercedes dicht an ihm vorbeifuhr. Auf dem Bürgersteig ging Ludwig Klünkers. Paul entdeckte ihn gerade noch rechtzeitig und wandte sein Gesicht zur anderen Seite. Ludwig hatte ihm gestern Abend beim Doppel-

kopf 3,80 DM abgenommen, und das war nicht mit rechten Dingen zugegangen. Aber Ludwig Klünkers war ein schlauer Fuchs. Nachweisen konnte man ihm nichts. Sein Wahlspruch war: „Ein Blick hinter die feindlichen Linien erspart manchen vergeblichen Angriff." Es hieß, ein Franziskanerpater habe ihm mal im Beichtstuhl gesagt, dass das absichtliche In-die-Karten-Schauen zwar nicht einem heiligmäßigen Leben entspreche, dass aber niemand verpflichtet sei, vorbeizuschauen.
Die Sparkasse lag nicht weit vom Markt entfernt. Paul schob sein Rad über den Bürgersteig. Er wollte es an die Fassade lehnen. Brauner Marmor, glänzend und glatt poliert. An Pauls Rad fehlte die Gummihülle des Lenkers. Würde die Lenkstange keine Kratzer in den kostbaren Stein ritzen?
Paul blicke rundum. „Früher sind hier auch Fahrradständer gewesen, aber heute hat ja jeder ein Auto", schimpfte er vor sich hin.
Die Mülltonnen standen am Rande des Bürgersteigs. Paul lehnte das Rad gegen die Tonnen. Genau betrachtet waren die Mülltonnen für Pauls Fahrrad ein durchaus angemessener Ort. Mit der Hand schlug Paul leicht gegen seine Brust. Nicht weil er am Abend vorher im Fernsehen King-Kong gesehen hatte, jenen riesigen Gorilla, der furchterregend gegen seinen Brustkorb trommelte, sondern weil er nach-

prüfen wollte, ob sein Sparbuch sich noch in der Seitentasche befand. Das Sparbuch war da, wo es hingehörte. Paul betrat den Kassenraum. Der Verkehr strömte an der Sparkasse vorbei. Auffallend langsam schlichen die Autos daher. Die Rücksicht und Vorsicht der Autofahrer hatte ihren guten Grund. Harald Mümmers und Dirk Forsthoff, die beiden Polizisten, drehten in ihrem grünen Wagen bereits mehrere Runden um den Markt. Im Dreißig-Kilometer-Tempo fuhren sie zum dritten Mal an der Sparkasse vorbei. Plötzlich trat Harald Mümmers hart auf die Bremse.

„Blödmann", sagte Dirk Forsthoff. Nur unter Brüdern ist das keine Beamtenbeleidigung. „Ich wäre bald mit dem Kopf gegen die Scheibe gebrummt."

„Mensch, Dirk", sagte Harald. „Sieh mal, da an den Aschentonnen steht ein Rad. Für den Sperrmüll."

„Alte Kiste", antwortete Dirk.

„Mein kleiner Sohn hat gestern eine Acht in sein Vorderrad gefahren. Das Vorderrad könnte ich eigentlich gut gebrauchen."

„Schnell gemacht", sagte Dirk, griff nach der Werkzeugtasche, sprang aus dem Auto und hatte in weniger als drei Minuten das Vorderrad abmontiert. Er trug es zum Auto, stieg ein und sagte: „Ziemlich dreckig, das Ding, aber sonst noch ganz in Ordnung."

Das Polizeiauto fuhr langsam wieder an.
Während dieser Zeit hatte Paul in der Schlange gestanden und insgeheim auf die Sparkasse geschimpft, auf den lahmen Betrieb und die Beamten, die sich, wie er meinte, nur im Zeitlupentempo bewegten.
Am Kassenschalter zählte er sorgfältig die Scheine nach, leckte wiederholt mit der Zunge über seinen Daumen und stellte schließlich fest, es stimmte: 125,- DM. Dabei ein paar ganz neue Scheine.
Paul legte das Geld ins Sparkassenbuch und steckte es wieder in seine Brusttasche. Dann schritt er, mit dem vielen Geld ein wenig selbstbewusster als vorher, aus dem Kassenraum. „Hast du was, dann bist du was", schoss es ihm durch den Sinn, und er grinste.
Das Lachen verging ihm, als er ins Freie trat. Da hatte doch wahrhaftig ein Bursche sein Vorderrad gestohlen. Paul riss sein Rad am Lenker hoch, betrachtete die Stelle, an der sich vor wenigen Augenblicken das Rad noch gedreht hatte und rief empört: „Donnerwetter! Diese Verbrecher. Treiben's am hellen Tag mitten in der Stadt."
Er schüttelte den Kopf, stemmte die Arme in die Hüften und kam zu einem Entschluss. Auf zur Polizeiwache! Er wollte es den Burschen schon zeigen.
Entschlossen marschierte er die wenigen hun-

dert Meter zum Revier. Der grüne Wagen parkte vor der Haustür, obwohl das Schild „Eingeschränktes Halteverbot" nur drei Meter weiter eingepflanzt war.

„Die dürfen sich auch alles erlauben", murmelte Paul und trat in die Amtsstube.

„Guten Morgen", sagte er.

Der Polizist Dirk Forsthoff saß hinter seinem Schreibtisch und blickte auf.

„Na, Paul, wo drückt der Schuh?" Er duzte Paul, weil er in der Nachbarschaft wohnte. Obwohl sie sich gut kannten, machte Paul von dem üblichen Du keinen Gebrauch. Er ist im Dienst, dachte Paul.

„Stellen Sie sich vor, Wachtmeister", begann Paul; „Sie werden es nicht glauben, aber während Sie hier im Büro einen ruhigen Lenz schieben, laufen die Verbrecher draußen frei herum."

„Na, Paul, nun übertreibe nicht. Erzähl mal, was los ist."

„Also vor der Sparkasse, genau vor der Sparkasse …"

„Etwa ein Überfall?", rief Dirk Forsthoff.

„Unsinn! Kein Überfall. Aber während ich in der Sparkasse stehe und Geld abhole – ich will nämlich eine Aufschnittmaschine für meine Gret kaufen, eine elektrische, wissen Sie –, da haben mir die Burschen doch tatsächlich das Vorderrad von meinem Fahrrad abmontiert."

„Nicht möglich!", rief Dirk entrüstet. „Das ist ..." Doch dann wurde ihm plötzlich ganz heiß unter seiner grünen Uniform, obwohl er, eigentlich gegen die Dienstvorschriften, seinen Kragen aufgeknöpft hatte.
„Moment", stotterte er und lief eilig in die hintere Stube, knallte die Tür hinter sich ins Schloss und starrte seinen Kollegen, Wachtmeister Harald Mümmers, an.
„Stell dir vor", stieß er hervor, schwieg dann aber verwirrt.
„Ja, was ist denn?"
„Stell dir vor, Mensch, stell dir vor, wir beide haben doch tatsächlich einen Diebstahl begangen."
„Ist dir nicht gut?", fragte Harald Mümmers.
„Von wegen nicht gut. Das Vorderrad, das ich vorhin am Markt ausgebaut habe, das war überhaupt nicht für den Sperrmüll bestimmt. Das gehörte dem Küster, dem Drusen aus unserer Nachbarschaft in der Niederstraße. Der hatte sein Rad einen Augenblick abgestellt und war nur kurz in die Sparkasse gegangen. Jetzt stehen wir ziemlich dumm da, was?"
„Mensch", sagte Harald Mümmers, „hoffentlich macht der kein Theater. Ich stehe kurz vor der Beförderung. Wenn das rauskommt, ist der Oberwachtmeister ins Wasser gefallen."
Aber so leicht ließ Harald Mümmers sich die Beförderung nicht wegnehmen.

„Weißt du was? Ich rede mal ein vernünftiges Wort mit dem Paul."
Kurz entschlossen öffnete Harald Mümmers die Tür und begrüßte Paul Drusen.
„Hören Sie mal, Herr Drusen", begann er. „Uns, meinem Kollegen Dirk Forsthoff, Sie kennen ihn ja, er wohnt ja in Ihrer Nachbarschaft, meinem Kollegen also und mir, uns ist da eine ganz dumme Sache passiert."
„Euch auch?", fragte Paul. „Schließlich haben die Burschen doch mir das Vorderrad geklaut."
„Jaja. Es geht ja gerade um dieses Vorderrad."
„Wieso? Habt ihr etwa die Strolche schon gefasst?"
„Strolche, Strolche. Wer denkt denn gleich an was Böses? Wissen Sie, Herr Drusen, ich will Ihnen geradeheraus die ganze Geschichte erzählen. Wir, mein Kollege Dirk Forsthoff und ich, wir sind vor einer halben Stunde etwa um den Markt herumgekurvt, da treibt sich ja immer allerhand junges Volk mit den frisierten Mopeds herum ..."
„Ja, sagen Sie bloß, Sie haben gesehen, wie die Burschen mein Vorderrad gestohlen haben?"
„Nein, nein. Wir sind da vorbeigefahren, mein Kollege Dirk Forsthoff, Ihr Nachbar, und ich. Da sahen wir das alte Rad an der Mülltonne stehen."
„Ja, ja, da habe ich es ja auch abgestellt."

„Naja, es stand an der Mülltonne. Mülltonne, sagte ich."

„Ganz genau, habe ich doch schon zu Protokoll gegeben. Ist doch nicht verboten, oder?"

„Nee, verboten nicht gerade. Aber weil das Rad an der Mülltonne stand, da haben wir uns gedacht, beziehungsweise ich habe mir zunächst gedacht, das Rad steht da für den Sperrmüll."

„Sperrmüll? Seid ihr verrückt? Zwanzig Jahre fahre ich schon mit dem Rad, und es fährt immer noch prima."

„Ja, lieber Herr Drusen, das mag ja sein, aber wir haben eben gedacht, das Rad steht da für den Sperrmüll. Sie glauben ja gar nicht, was heute alles für den Sperrmüll rausgestellt wird. Neulich stand auf der Maxstraße ein fast neues Sofa. Da ist so ein altes Fahrrad nichts dagegen."

„Na, und?"

„Naja, dann hab ich zu meinem Kollegen, dem Dirk Forsthoff, gesagt: ‚Weißt du, Dirk, ich könnte das Vorderrad gebrauchen, mein Junge hat gestern nämlich eine Acht in sein Rad gefahren.'"

„So ist das?", fragte Paul verblüfft.

„Ja, so ist das. Aber ich habe das Rad ja hier. Ich mache Ihnen einen Vorschlag. Mein Kollege und ich, wir bauen das Rad wieder ein. Und dann: Schwamm darüber. Die ganze Sache ist erledigt."

„Nein", wunderte sich Paul. „Das hätte ich nie geglaubt, dass die Polizei, ausgerechnet die Polizei, auf die Idee kommt, Vorderräder zu klauen."

„Nun mal vorsichtig", antwortete Harald Mümmers. „Nun drücken Sie mal nicht so auf die Tube. Ich habe doch erklärt, wie alles gekommen ist. Wir haben eben angenommen, das Rad gehöre zum Sperrmüll. Und schließlich montieren wir Ihnen das Rad wieder an."

„Na, gut", lenkte Paul ein, „wenn Sie meinen. Aber verstehen kann ich das nicht. Wie kann denn einer so mir nichts, dir nichts aus einem Fahrrad ein Vorderrad ausbauen. Und dann noch die Polizei, dein Freund und Helfer?"

„Es war eben Pech", antwortete Harald Mümmers. „Aber ich baue das Rad wieder ein. Dann gehen wir die paar Schritte bis zur Stehbierhalle, ich gebe ein Bier aus, und der ganze Spuk ist vergessen."

„Ist gut", sagte Paul. „Wenn das so ist, dann wollen wir mal gehen."

„Dirk", rief Harald, „lass uns noch mal eben zum Markt fahren. Wir bauen das Rad wieder ein."

„Ich komme gleich", antwortete Dirk. „Ich muss eben noch zum Klo."

„Ist dir wohl auf die Blase geschlagen?", lachte Paul. „Ich gehe schon mal vor. Ich fahre nämlich nicht gern mit eurer grünen Minna. Die

Leute denken dann sonst was von mir. Ihr fahrt ja bestimmt mit dem Auto hinterher. Zu Fuß geht ja heute kaum noch ein Mensch. Schon gar nicht die Polizei."

„Bis gleich!", sagte Harald.

„Bis gleich!", sagte auch Paul.

Paul ging gemessenen Schritts die Hauptstraße entlang, schaute sich in Männekes Schaufenster die elektrischen Aufschnittmaschinen an und murmelte vor sich hin: „98,- DM, 110,- DM, ich werde schon 'ne gute für mein Geld kriegen."

Schließlich erreichte er den Markt.

Die Mülltonnen standen noch an ihrem Platz. Aber sein Rad war weg.

„Jetzt ist doch alles aus", rief Paul. Im Dauerlauf rannte er bis vor die Sparkasse, aber von seinem Fahrrad war weit und breit keine Spur zu sehen.

Gegenüber in der Tür der Stehbierhalle stand die Wirtin an den Türpfosten gelehnt. „Suchst du was, Paul?", rief sie zu ihm herüber. „Hast du was verloren?"

„Verloren?", schrie Paul. „Mein Rad haben mir die Burschen gestohlen."

„Dein Rad?", lachte die Wirtin. „Du meinst doch wohl nicht das alte Gestell mit dem Hinterrad?"

„Ja, doch. Genau das Fahrrad ohne Vorderrad, das meine ich, das ist meins."

„Ja", sagte die Wirtin, „das hat vor einer Viertelstunde der Sperrmüll auf seinen Wagen geladen."

Paul, das Engelchen

Am schnellsten durch die Gemeinde laufen die schlechten Nachrichten. Dass der alte Herr Kleinhussmann gestorben war, und das einen Tag vor seinem Geburtstag, das war eine solche Blitzbotschaft. Nun war Ottokar Kleinhussmann wirklich kein junger Mann mehr. Im Gegenteil, in dem Wald, der in seinem Geburtsjahr gepflanzt worden war, waren die meisten Bäume längst abgeholzt. Wer wird denn schon fast 85 Jahre alt?

Das Besondere an ihm war, dass O.K., wie ihn alle nannten, frisch und beweglich bis in seine letzte Stunde geblieben war. Niemand wäre je auf den Gedanken gekommen, er sei zu alt für den Gemeinderat oder zu schwach, um an der Fußwallfahrt nach Maria am See teilzunehmen, oder zu unbeweglich, um die Finanzen des Kirchenchores zu verwalten.

O. K. hatte noch um vier Uhr nachmittags mit Appetit bei seiner Tochter Caroline ein Stück Bienenstich verzehrt und sich dann mit der Tageszeitung in den Garten auf die Hollywoodschaukel gesetzt. Als kurz nach fünf Lotte Bach von der Caritas kam und ihn unbedingt sprechen wollte – sie brauchte nämlich noch einen Mann für die Haussammlung –, da lag er quer über den Sitzen, tot, und der Wind wiegte ihn sanft hin und her.

Nun kann man wohl kaum erwarten, dass sich ein großes Jammern breit machte. Vielmehr war in den nächsten Tagen oft zu hören, dass sich viele Menschen einen solchen guten Tod wünschten.

Auch Paul nahm sich vor, jedes Mal, wenn er durch das Kirchenportal ging und an der großen Steinfigur des heiligen Christophorus vorbeischritt, ein Stoßgebet emporzusenden, damit der zuständige Heilige seine Bitte um eine gute Sterbestunde mit Nachdruck weitergebe. Die Beerdigung von O.K. stellte Paul vor organisatorische Probleme. Zunächst war bei der Totenmesse der Küsterdienst zu versehen. Dann zählte er zu den Sargträgern. Schließlich musste er dafür sorgen, dass Pfarrer Schulte-Westernkotten und die Messdiener die liturgischen Kleider korrekt anlegten. Endlich war er selbstverständlich zum Beerdigungskaffee ins Kolpinghaus eingeladen. Aber Paul hatte schon heiklere Beerdigungssituationen durchgestanden.

Beim Requiem für O. K. reichten die Kirchenbänke kaum, so viele Menschen wollten den alten Ottokar auf dem letzten Weg begleiten. Der Pfarrer fand die richtigen Worte und knüpfte seine Predigt an O.K.s Lieblingsspruch an. Oft und oft hatte dieser gesagt: „Es soll mich wundern, wen ich da oben wieder antreffe."

In weniger als zehn Minuten hatte der Pfarrer wohl jedem, der die Totenmesse mitfeierte, in Erinnerung gerufen, wie viele aus der Gemeinde dem Verstorbenen Dank schuldeten. Er schloss: „Ich bin sicher, dass sich Ottokar Kleinhussmann viele Hände aus der Ewigkeit entgegenstrecken und ihn emporziehen werden. Und der Herr wird ihn anschauen und zu ihm sprechen: ‚Ich kenne dich. Ich rufe dich bei deinem Namen. Du bist O.K.'"
Nach der Messe in der Sakristei fiel es Paul siedend heiß ein: Er hatte seinen Zylinder vergessen. Unmöglich konnte er neben den fünf Trägern mit Zylinder ohne Kopfbedeckung gehen. Paul warf einen letzten Blick auf das Getriebe in der Sakristei. Alles war in Ordnung. Die Messdiener hatten die passenden Röcke an. Pfarrer Schulte-Westernkotten trug das frisch gebügelte Rochett, das Vortragekreuz, das Weihwasser, das Weihrauchfass. Alles war o. k. Er sagte zu Fritz Keller, dem Obermessdiener: „Fritz, ich muss kurz nochmal nach Hause. Du sorgst dafür, dass alles seine Richtigkeit hat. Ich fahre mit meinem Wagen zum Kirchhof und bin wahrscheinlich schon vor euch in der Totenkapelle. Du weißt ja ..."
„Ja, ja, Herr Drusen", unterbrach ihn Fritz. „Sie sind ja heute bei den Trägern. Ich weiß Bescheid. Machen Sie sich keine Sorgen, es wird alles gutgehen. Und nach der Beerdigung

können Sie gleich mit ins Kolpinghaus. Ich erledige alles."

Der Fritz ist wirklich ein umsichtiger Obermessdiener, dachte Paul und lief im Trab nach Hause.

Gret begegnete ihm in der Haustür und sagte: „Ich gehe schon ins Kolpinghaus, Paul, damit der Kaffee fertig ist, wenn ihr später kommt." Sie stutzte und fügte hinzu: „Aber du, was willst du noch im Haus?"

„Ich habe meinen Zylinder vergessen. Ich komme mit dem Wagen nach." Er stürzte ins Haus.

„Der Zylinder liegt im Kleiderschrank", rief Gret ihm nach.

„Klar", brummte Paul, „da liegt er doch immer." Es ging zwar alles ein wenig hektisch zu, aber es kam so, wie Paul es gesagt hatte, er war, den Zylinder auf dem Kopf, früh genug an der Totenkapelle.

Ein schier endloser Zug von Menschen schritt hinter dem Sarg zum Grabe hin. Es war ein sehr einfacher Kiefernsarg, der auf einem Wägelchen zwischen den sechs Trägern über die schmalen Wege rollte. O.K. hatte es oft gesagt, dass er es genauso wollte, wenn es mit ihm so weit sei. Seine Kinder hielten sich daran. Einen einfachen Sarg wollte er. Keine Reden am Grab und auch keine Tränen. Am liebsten sei es ihm, wenn die Gemeinde sich freue, dass er dorthin vorangegangen sei, wohin ihm über kurz oder lang alle folgen würden. Schließlich sei er bereits im Kriege Quartiermeister gewesen.

Die Gebete am offenen Grab, die Worte, in denen sich Trauer und Zuversicht verbargen, das „Gegrüßet seist du, Maria" für den aus der Trauergemeinde, der O.K. als nächster in die Grube folgen sollte, kurzum, es war eine Beerdigung, an der O. K. seine Freude gehabt hätte. Die Träger fassten die Stricke fester und ließen O.K.s Sarg behutsam hinab. Die weißen Handschuhe wurden abgestreift und sanken in die Gruft. Auf einen leisen Zuruf zogen die Träger ihre Zylinder vom Kopf und verharrten einen Augenblick im Gedenken an O. K.

Hier nun begann sich O.K.s Beerdigung sehr von allen vorangegangenen Trauerzeremonien zu unterscheiden. Die Messdiener verloren ihren Ernst, unterdrückten nur mit Mühe ein Prusten. Taschentücher wurden rundum eilig hervorgezerrt und gegen die Gesichter gedrückt, aber niemand schien Tränen abwischen zu müssen. Selbst Pfarrer Schulte-Westernkotten, der sich irritiert und tadelnd umschaute, biss sich fast die Lippe blutig, als sein Blick auf Paul fiel.

Paul war der Einzige, der ernst und gesammelt, seinen Zylinder in der Hand, auf den Sarg schaute. Er war ja auch der Einzige, der nicht sehen konnte, dass sein schütteres Grauhaar wirklich und wahrhaftig von einem weißen Kränzchen geziert wurde, einem Kränzchen aus weißen Battistrosen, wie es den Kommunionmädchen und Engelchen zwar sehr angemessen war, bei einem Sargträger aber doch höchst ungewöhnlich wirkte.

Paul stülpte seinen Zylinder wieder auf Kränzchen und Haupt und schritt mit den anderen Trägern in die hinteren Reihen der Trauergemeinde.

„Na", flüsterte Ewald Kessner ihm zu, „wie fühlt man sich denn als Engelchen?"

„Ich fühle mich vor allem beim Beten gestört", maulte Paul. Er war nicht dafür, dass bei Beerdigungen dumm dahergeredet wurde.

„Mein lieber Paul", lachte Ewald leise, „dann schau nur nicht unter deinen Zylinder, sonst fühlst du nämlich etwas ganz anderes." Ewald grinste ihn unverschämt an.

Paul schöpfte Verdacht, dass etwas mit seinem Zylinder nicht ganz stimmen könnte. Er zog ihn heftig vom Kopf und erstarrte. In der mit echter Seide ausgeschlagenen Röhre lag ein Kommunionkränzchen. Genau gesagt, das Kommunionkränzchen, das seine jüngste Tochter Anna noch bei der letzten Prozession getragen hatte.

Es geschah zwar selten, aber es ist verbürgt, dass Paul einen puterroten Kopf bekam. Zuerst wollte er schnurstracks nach Hause gehen

und sich überhaupt nicht beim Beerdigungskaffee sehen lassen. Aber dann siegten Trotz und Vernunft. Ewig konnte er sich ja wohl nicht gut zurückziehen. Und wenn er schon unters Volk musste, dann lieber gleich.
Als die Gesellschaft sich verlaufen hatte, zupfte er die Kranzschleifen gerade, blies in der Kapelle die Kerzen aus, verschloss die Tür und legte den Schlüssel unter die Schwelle. Die letzten Trauergäste hatten den Kirchhof verlassen. Er ging zum Kolpinghaus hinüber. Gret wunderte sich schon, wo er nur blieb. Dann sah sie ihn eintreten und hörte Ewald Kessner ziemlich laut rufen: „Hier, Engelchen, wir haben dir einen Platz freigehalten. Setz dich zu uns."
Paul konnte schon wieder lachen, etwas gequalt zwar, aber immerhin.
Der Pfarrer trat an den Tisch und sagte: „Ich habe mir die Engel, die O.K. begleiten, zwar ein wenig anders vorgestellt, aber ich bin sicher, dass O. K. von Herzen gelacht hätte. Oder auch gelacht hat. Wer weiß schon Genaues. Ihm war das sicher ein Vergnügen."
Die älteste Tochter von O. K. redete mit Gret, die inzwischen auch die Kränzchengeschichte erfahren hatte und gar nicht mehr mit den Kaffeekannen in den Saal zurück wollte. Sie sagte: „Frau Drusen, es war sicher ein wenig sonderbar, ein Zufall, aber ..."
Gret fiel ihr ins Wort und klagte: „Ich bin daran

schuld, Frau Godde, ich allein. Ich wusste nicht, wohin mit dem Kränzchen. Es sollte doch nicht zerknittern. Da schien mir der Zylinder ein passender Ort. Ach, hätte ich doch ..." Gret stieg ein Schluchzer in die Kehle.
„Aber liebe Frau Drusen", tröstete Frau Godde sie, „mein Vater wollte immer eine fröhliche Beerdigung. Wir hätten ohne ihren Mann gar nicht gewusst, wie wir ihm diesen Wunsch erfüllen sollten. Und nun ist's auf recht unverhoffte Weise Wirklichkeit geworden. Das hätte sich mein Vater selbst nicht besser ausdenken können. Sie dürfen sich also auf gar keinen Fall grämen."
Gret lächelte bereits wieder durch die Tränen hindurch. „Na, weniger fröhlich wird es sicher, wenn Paul und ich wieder zu Hause sind", sagte sie ein wenig besorgt.
Aber darin hat sich Gret geirrt. Paul war keineswegs wütend. Das Einzige, was er sagte, war: „Gret, ich werde für Annas Kränzchen eine Pappschachtel besorgen."
Als sie etwas entgegnen wollte, lachte er, schloss sie in die Arme und rief: „Und jetzt weißt du es ganz sicher, du hast eben einen Engel zum Mann."

Paul und der Knochenbrecher

Paul hatte seine Frau Gret auf den freien Samstag vertröstet.
„Du bist wie ein kleiner Junge", sagte sie. „Du weißt doch, dass die Waschmaschine fast verstopft ist. Mach endlich das Sieb sauber."
„Ja, ja, am Samstag. Dann habe ich mehr Zeit."
„Ich kann ja auch einen Handwerker bestellen, wenn es dir zu viel ist", sagte sie spitz.
„Red keinen Unsinn, Gret!", erwiderte er verdrießlich. „Neulich hast du ein Birnchen im Kühlschrank festdrehen lassen und die Spitzbuben haben fast vierzig Mark auf die Rechnung geschrieben. Ich mache das Sieb am Samstag sauber."
Der Samstag kam. Paul schob die unangenehme Arbeit noch zwei Stunden vor sich her und blieb am Kaffeetisch sitzen. Er las die Zeitung von hinten nach vorn und wartete darauf, dass Gret ihn an die Waschmaschine erinnerte. Aber sie lächelte nur und erwähnte die Maschine mit keinem Wort.
„Ich geh gleich in den Keller", sagte er.
Sie nickte nur.
Irgendwie fühlte er sich nicht gut. Er war sich selbst nicht klar darüber, ob es sich um das Gefühl handelte, das ihn jedes Mal beschlich,

wenn er am freien Samstag für tausend Dinge in Haus und Garten, in Sakristei und Kirche bereitstehen musste, oder ob sonst etwas mit ihm los war. Schließlich ging er auf die Fünfzig zu. Wenn er an seine Altersgenossen dachte, wenn ihre Zipperlein und kleinen Krankheiten ihm in den Sinn kamen, dann belauerte er misstrauisch seinen Körper. Aber er hatte weder Last mit den Zähnen noch war ihm beim Aufstehen schwindelig, er brauchte beim Lesen keine Brille, und mit der Verdauung war auch alles in Ordnung. „Also ran", seufzte er, faltete die Zeitung zusammen, schob den Stuhl zurück, stand auf und reckte sich.

Und da passierte es. Es war, als ob ihm jemand mit einem Hammer in den Rücken geschlagen hätte. Er gab einen Laut von sich, der einem getretenen Hund Ehre gemacht hätte. Regungslos verharrte er, die Arme halb in die Höhe gereckt und wagte sich nicht zu rühren. „Was ist?", fragte Gret und warf einen kurzen Blick zu ihm hinüber. „Stehst du Modell für ein Denkmal?"

„Ach, halt den Mund", schimpfte er. Doch nach einem kräftigen Anfangston wurde seine Stimme leise und zerrann zu einem weinerlichen Winseln.

Gret dachte zunächst, es handele sich um einen neuen Trick ihres Mannes, mit dessen Hilfe er seine häusliche Arbeit um eine weite-

re Woche hinausschieben wollte. Paul hatte es an Erfindungsreichtum in diesem Bereich bisher nie fehlen lassen. Sein schmerzverzogenes Gesicht jedoch sah ziemlich echt aus und veranlasste sie schließlich zu der Aufforderung: „Wenn wirklich was ist, dann setz dich einen Augenblick hin."
„Leicht gesagt", jammerte Paul.
„Wenn du mal im Haus mit anfassen sollst", murrte Gret. „Ein Elend ist das doch mit euch Männern."
„Hör auf zu maulen, Gret. Ein Hexenschuss ist keine Kleinigkeit. Hilf mir lieber, dass ich auf das Sofa komme. Vielleicht geht es gleich wieder vorbei. Vielleicht hat mich die Hexe nur mit einem Streifschuss erwischt."
Vorsichtig bettete er sich mit Grets Hilfe auf das Sofa, legte die Beine hoch und rührte sich nicht.
„Als ob mir einer 'ne Nadel ins Rückgrat sticht", sagte er. „Jedes Mal, wenn ich mich nur ein ganz klein wenig bewege, könnte ich in die Luft gehen."
Allmählich begriff Gret, dass Paul ihr diesmal kein Theater vorspielte. Sie schleppte die Wärmflasche herbei, deckte ihn mit der Kamelhaardecke zu und kramte in der Pappschachtel mit den Medikamenten nach einer Rheumasalbe. Aber weder Wärme noch Salbe halfen. Sie rief im Pfarrhaus an. Fräulein Siebenbaum, die

Haushälterin, war am Apparat. Sie empfahl, mit einem Katzenfell den Rücken zu wärmen, und wünschte gute Besserung. Mit Mühe schaffte Gret ihren Paul nach der Spätausgabe der Tagesschau ins Bett. Eine Weile horchte sie ängstlich auf sein Stöhnen. Aber weil sie vom frühen Morgen bis zum späten Abend auf den Beinen gewesen war, schlief sie bald ein.

Paul jedoch fand kaum Schlaf. Zweimal, dreimal dämmerte er ein. Sobald er sich aber nur ein wenig bewegte, schoss ihm ein Nagel ins Kreuz. Er war froh, als gegen fünf Uhr endlich das erste Dämmerlicht durch die Vorhänge drang.

Am Sonntag versah Gret für ihn den Küsterdienst. „Hexenschuss?", fragte Pfarrer Schulte-Westernkotten. „Dauert mit Medikamenten sieben Tage, ohne Arznei eine Woche. Ich habe Erfahrungen."

Nachmittags kam Besuch. Tante Sophie, Grets Schwester, hatte gehört, dass es in solchen Fällen sehr nützlich sei, sich eine warme Lehmpackung ins Kreuz zu schmieren. Ja, sie wusste sogar noch ein unfehlbares Mittel. Doch damit wollte sie zunächst nicht herausrücken. Schließlich erklärte sie sich bereit, Gret das geheime Rezept ins Ohr zu tuscheln. Als Sophie endlich gegangen war, fragte Paul neugierig: „Na, was hat die Schreckschraube dir denn zugeflüstert?"

Gret lachte laut hinaus, protestierte aber gegen die Beschimpfung ihrer Schwester.
„Sie hat wirklich eine Menge Erfahrung mit Hausmitteln", sagte sie. „Holtkämpers Fritz hatte über ein Jahr Geschwüre auf dem Rücken. Sophie hat einen Brei gekocht, und in weniger als drei Wochen war der Fritz seine Geschwüre los."
„Bestreitet ja auch niemand, dass deine Schwester sich auskennt. Aber ich finde die Geheimniskrämerei übertrieben."
„Wir sollen dir ..." Gret konnte vor Kichern nicht weitersprechen. Paul hätte sich am liebsten wütend auf die Seite gewälzt und ihr den Rücken zugedreht. Aber daran hinderte ihn der Schmerz.
„Wir sollen dir warmen Kuhdreck auf den Rücken packen", stieß Gret schließlich ganz außer Atem hervor. Dabei kullerten ihr die Lachtränen über die Backen.
„Eher gehe ich auf Krücken", schrie Paul, aber dann wurde er von Grets Lachen angesteckt. Zum gemeinsamen Gelächter kam es aber nicht, denn auf der Stelle erinnerte Pauls Rücken ihn an den Ernst der Lage. „Montag geh ich rüber ins Krankenhaus", entschloss er sich. „Wofür sonst zahle ich die teure Krankenkasse?"
Pauls Nachbar war Ewald Kessner, der Friseur. Über den Zaun hatte sich schon am Samstag herumgesprochen, dass Paul einen Hexen-

schuss hatte. Da Friseure montags frei haben, war es für Ewald selbstverständlich, Paul anzubieten, ihn ins Krankenhaus zu fahren. Nachbarschaftshilfe wurde in dem kleinen Ort immer noch für selbstverständlich gehalten. Zwar gab es stets einige Höflichkeitsausreden, man könne doch den Bus nehmen oder es gebe ja ein Taxi in der Stadt, aber wehe, wenn ein Nachbar auf solche Reden eingegangen wäre. „Der passt nicht zu uns", hätte es bald geheißen.

Die Nacht zum Montag war schlimm für Paul. Zu den Schmerzen bei jeder Bewegung kamen noch die Phantastereien, was der Arzt wohl mit ihm anstellen würde. Schließlich war mit dem Rücken nicht zu spaßen. Was Paul darüber schon alles gehört hatte! Nicht auszudenken, wenn es was Ernstes war. Die Hypothek auf dem Haus, die Kinder noch in der Ausbildung, alles darauf berechnet, dass Paul jeden 15. pünktlich seinen Lohn aufs Konto überwiesen bekam. Das Zubrot für seinen Küsterdienst war auch nicht zu verachten.

In solchen Nächten ohne Ende kommt man ans Beten. Nicht, als ob Paul in gesunden Tagen ganz ohne Gebet eingeschlafen wäre. Aber es ist doch etwas anderes, ob beim Einschlafen schnell noch ein halbes „Vater unser" für die Kinder durch den Kopf flattert oder ob man plötzlich viel Zeit hat und auf eine ganz erbärmliche Weise wach liegt.

Paul hatte Angst. Die Angst vor allem war es auch, die ihn die Stiche beim Anziehen und das Reißen beim Einsteigen in Ewalds kleines Auto nicht ganz so heftig empfinden ließ.

„Ich glaube, es geht schon etwas besser", sagte er. „Ob wir überhaupt zum Krankenhaus müssen?"

„Jetzt geht's zum Arzt", sagte Gret entschlossen. „Noch einen Tag hample ich nicht mit dir herum. Nachher kriegst du sonst was."

Die Anmeldung an der Pforte, das unvermeidliche Formular, der strenge Blick der alten Nonne, der unverwechselbare Krankenhausgeruch, der fast schwebende Gang der Schwestern in den Fluren, das alles machte aus Paul einen ganz kleinen Mann.

„Ich glaube, es ist nur ein Hexenschuss, Herr Doktor", sagte er leise, als er schließlich vor dem Arzt stand. „Aber meine Frau ..."

„Schon gut, Herr ..." Der Arzt griff nach der Karteikarte, die inzwischen von der Arzthelferin ausgefüllt und auf seinen Schreibtisch gelegt worden war. „Herr Drusen. Machen Sie sich frei."

Paul schaute sich unsicher um. Da saß die Helferin am Schreibtisch, ein junges Mädchen ordnete Geräte auf einem Teewagen. Gret stand an der Tür. „Sie meinen, ich soll mich ausziehen?", fragte Paul.

„Machen Sie den Rücken frei", sagte der Arzt

und kritzelte etwas auf die Karteikarte. Gret half ihm, das Hemd über den Kopf zu streifen. Paul spürte, dass keineswegs eine Besserung eingetreten war, und ergab sich in sein Schicksal. Mit flinken Fingern fuhr der Arzt die Wirbelsäule entlang bis in den Nacken. „Hexenschuss?", sagte er. „Ich glaube nicht an Hexenschuss. Schwester Frieda, bringen Sie den Mann zum Röntgen."
Wenn die dich erst mal zwischen ihren Fingern haben ..., dachte Paul.
Zwei Aufnahmen wurden von seiner Wirbelsäule gemacht. Vor einem Leuchtrahmen schaute sich der Arzt die Röntgenbilder genau an.
Zu lange, dachte Paul, er schaut viel zu lange.
Endlich drehte sich der Arzt wieder dem Patienten zu. „Ein Wirbel in der Halsgegend hat sich offenbar verschoben und drückt auf den Nerv. Muss eingerenkt werden."
„Aha", sagte Paul. „Ist das schlimm?"
„Wenn er erst wieder eingerenkt ist, spüren Sie überhaupt nichts mehr."
„Wenn er erst wieder eingerenkt ist", wiederholte Paul.
„Ja. Wir machen eine leichte Narkose. Sie spüren nichts."
Paul hörte nur Narkose. Sein Herz schlug einen schnelleren Takt. Aber er nickte. Überdeutlich prägten sich ihm die Vorbereitungen

ein. Die Spritze wurde aufgezogen. Er musste sich auf den Bauch auf einen Behandlungstisch legen. Gret hielt ihm die Hand. Der Einstich der Spritze. Die Schwester war geschickt. Er spürte fast nichts. Er sank, sank, sank, Wellen vernebelten ihm die klare Sicht. Grets Gesicht zerfloss. Nichts mehr.

Als er wieder zu sich kam, wusste er gleich, was los war. Sie hatten ihn in einen schlauchartigen Raum gebracht und auf eine Liege gebettet. Vorsichtig erhob er sich, drehte behutsam seinen Hals.

„Na?", fragte Gret.

„Nichts", antwortete er. „Ich spüre nichts mehr."

„Gott sei Dank." Gret atmete auf. „Ich dachte schon, sie hätten dir die Wirbel gebrochen. Das hat geknirscht und geknackt, als wenn unser Hund auf 'nem Kotelettknochen herumkaut."

Die Schwester kam in das Zimmerchen. „Na, Herr Drusen, alles klar?"

„Ich glaube ja", antwortete Paul.

„Seien Sie heute noch ein bisschen vorsichtig. Auch 'ne kleine Narkose ist 'ne Narkose."

„Sie meinen, ich soll heute nicht mehr zur Arbeit gehen?"

„Auf keinen Fall. Ruhen Sie sich aus, und schonen Sie sich. Morgen merken Sie dann nichts mehr."

Er war entlassen.
Ewald hatte geduldig die drei Stunden in seinem Auto gesessen. Nur der randvolle Aschenbecher zeigte an, dass ihm die Zeit lang geworden war.
„Na, haben sie dich wieder hingebogen?", fragte er.
„Siehst du doch", antwortete Paul und stieg ohne Hilfe ins Auto.
Am Nachmittag jedoch begann Paul an der Kunst des Arztes zu zweifeln. Die betäubende Wirkung der Narkose wich. Ihr folgte der Schmerz heftiger als zuvor. Gret war ratlos.
„Ob wir nicht doch Tante Sophies Rezept versuchen sollen? Schaden kann es ja schließlich nichts."
Paul war so ziemlich alles egal. Aber Kuhdreck, dazu noch aufgewärmt, das ging ihm doch über die Hutschnur.
„Mit mir würdest du wohl alles machen, was?", jammerte er.
Am Morgen, als Gret vom Einkauf kam, fragte Fine Kessner nach dem Patienten.
„Hat alles nichts genützt." Gret zuckte die Schultern. „Ich weiß auch nicht mehr, was man machen soll."
„Dachte ich mir schon", sagte Fine. „Als Ewald sagte, er fährt euch zum Krankenhaus, ahnte ich so was. Hättet mal lieber nach Jurloh fahren sollen."

„Nach Jurloh?"
„Ja. Das ist ein kleiner Ort im Westfälischen. Man kann fast nach Holland reinspucken."
„Und was ist in Jurloh?"
„Hast du noch nie was von dem alten Quas gehört? Dem Knochenbrecher Quas?"
Gret schüttelte den Kopf.
„Von dem erzählt man sich Wunderdinge. Hat die Frau Susinger wieder hingekriegt. Die war schon fast von den Beinen."
Gret erinnerte sich. Davon hatte sie flüchtig gehört. „Kennst du denn sonst noch jemand, der da gewesen ist?"
Fine lachte. „Komm mal mit hinters Haus", sagte sie. Gret stellte ihre Tasche auf die Haustreppe und ging mit ihrer Nachbarin den schmalen Weg zwischen den beiden Häusern entlang zum Garten. Da flatterten wie jeden Dienstag elf Trikots vom Fußballklub Concordia auf der Leine. Fine wusch sie jede Woche, und Ewald bekam dafür für die Heimspiele eine Freikarte.
„Sieh dir die Hemden an", sagte Fine. „Von den elf Spielern der ersten Mannschaft waren schon vier in Jurloh. Der eine hatte was am Knie, der andere hatte den Arm verstaucht. Quas hat das alles wieder in Ordnung gebracht. Vor vier Wochen, als sie das schwere Spiel gegen Olympia hatten, da hat sich der Mittelstürmer zwei Tage vorher beim Training die

Hüfte verknackst. Er ist zu Quas gefahren worden. Was meinst du, zwei Tore hat er gegen Olympia geschossen."

„Mal sehen, was Paul dazu sagt. Aber vorerst mal schönen Dank für den Tipp."

„Ewald wird sich einen Nachmittag freinehmen. Er kann Paul bestimmt hinfahren."

„Meinst du?", fragte Gret ein bisschen verlegen.

„Klar, das macht der. Ewald ist doch in der Gegend zu Haus. Der freut sich, wenn er mal wieder westfälische Luft schnuppern kann."

Was sollte Paul schon dazu sagen? Vor die Wahl zwischen warmen Kuhdreck und Jurloh gestellt, fand er sich schließlich mit Jurloh ab. Zwar hielt er wenig von Frau Susingers Wunderheilung, aber die Fußballspieler ließen seine Hoffnung auf schnelle Genesung wachsen.

Gleich nach dem Mittagessen schellte Ewald an. „Ich habe schon im Geschäft angerufen", sagte er. „Alles klar. Die werden heute auch ohne mich auskommen. Mach dich fertig. Wir fahren gleich nach Jurloh."

Es wurde für Paul eine qualvolle Fahrt. Die Straßen im Westfälischen waren nicht für Menschen mit Nadelstichen im Rücken gebaut, und Ewalds Auto hatte die besten Jahre auch längst hinter sich. Immerhin kamen Ewald und Paul ohne Panne nach Jurloh. Gleich

den ersten Menschen, den sie im Ort sahen, fragte Ewald nach dem Haus von Dr. Quas.
„Dr. Quas?", lachte die junge Frau. „Sagten Sie Dr. Quas?"
„Ja, der Spezialist für Verrenkungen und so."
„Dr. Quas ist gut", sagte die Frau. „Sie meinen wahrscheinlich den Bahnarbeiter Quas."
„Bahnarbeiter?", Ewald glaubte, nicht richtig gehört zu haben.
„Ja, Bernhard Quas, der Knochenbrecher. Der hat goldene Finger, sagen hier die Leute. Fahren Sie die nächste Straße rechts rein. Das letzte kleine Haus auf der linken Seite. Das ist das Haus von Quas."
Ewald fuhr langsam an.
„Hast du das gewusst?", fragte Paul.
„Was gewusst?"
„Na, dass wir zu einem Quacksalber fahren?"
„Traust du mir so was zu?", Ewald war beleidigt. „Wir können ja jederzeit wieder umkehren."
Langsam bog der Wagen in die Seitenstraße ein.
„Ansehen könnten wir uns das Haus ja, jetzt wo wir hier sind."
Ewald stoppte den Wagen vor dem letzten Haus. Es war ein kleines Einfamilienhaus mit einem angebauten Schuppen. Im Vorgarten blühten Sonnenblumen und Dahlien.

„Sieht ganz freundlich aus", stellte Ewald fest.
„Siehst du ein Schild, das auf die Praxis hinweist?"
Ewald konnte keins entdecken.
„Ich kann ja mal aussteigen", bot er an.
Paul war einverstanden. Mit der Autotür zugleich öffnete sich die Haustür. Eine ältere Frau kam heraus.
„Wollten Sie zu meinem Mann?", fragte sie.
„Ja, wir wissen nicht so recht. Wir wollten zu einem Dr. ... zu einem Herrn Quas. Mein Nachbar hat's im Rücken."
„Doktor ist mein Mann zwar nicht. Damit können wir nicht dienen. Aber mit Muskeln und Knochen, da kennt er sich aus."
„Was meinst du?", fragte Ewald in den Wagen hinein.
„Ein Versuch kann nichts schaden", antwortete Paul.
„Können wir denn mal reinkommen?", nahm Ewald das Gespräch mit der Frau wieder auf.
„Sicher können Sie das. Aber ich wundere mich. Mein Bernhard ist nämlich vor einer halben Stunde erst von der Bahn gekommen und gleich wieder weggegangen. Er hat von Ihrem Besuch gar nichts erzählt. Haben Sie sich angemeldet?"
„Nein, das haben wir nicht. Wir haben nur gehört, dass Ihr Mann ..."
„Ja, was machen wir denn da?" Sie überlegte

einen Augenblick. Dann schlug sie vor: „Mein Mann ist zu Nollenbruck. Das ist der Hof dort." Sie zeigte mit dem Finger auf eine Gruppe von Bäumen am Horizont. „Er ist mit dem Rad. Wenn Sie wollen, dann können Sie ja mal hinfahren."

Die Männer bedankten sich und fuhren los.

„Sollen wir oder sollen wir nicht?", fragte Ewald, als sie ein Stück gefahren waren. „Noch können wir umkehren."

„Mir ist schon alles egal", antwortete Paul. „Ich geh vor Schmerzen bald ein. Schlimmer kann es kaum noch werden."

„Und die Fußballspieler, die schwören auf ihn", ermutigte Ewald den Nachbarn.

Der Wagen fuhr auf den weiten Hof vor dem Bauernhaus.

„Da stehen sie", sagte Ewald. Paul drehte vorsichtig den Kopf. Nollenbruck unterhielt sich mit Quas. Nollenbruck war das Urbild eines westfälischen Bauern, groß, blond, breit gebaut, ein bulliger Nacken. Daneben zierlich und wendig Quas, schwarzhaarig mit einer Adlernase.

„Wie ein Zigeuner", brummte Paul.

„Die Zigeuner kennen sich aus", tröstete Ewald.

Er fuhr dicht an die beiden heran und stieg aus.

„Guten Tag", wünschte er. „Wir suchen einen Herrn Quas."

„Da bin ich", sagte der, den Paul für den Bauern gehalten hatte. „Was gibt's?"
„Mein Nachbar hat's im Rücken. Er kann sich kaum noch bewegen."
„Tja, was machen wir denn da?" Er kratzte sich hinter dem Ohr.
„Du solltest dir die Kuh wenigstens mal ansehen", forderte der Bauer ihn auf. „Der Tierarzt war schon zweimal da, hat ihr 'ne riesige Spritze reingehauen, aber sie rührt sich nicht vom Fleck."
„Sie hätten sich anmelden sollen", sagte Quas zu Ewald.
„Ich mach mal 'nen Vorschlag", sagte der Bauer. „Meine Frau ist mit dem Mercedes weggefahren. Wir steigen zu den Herren ins Auto, fahren eben zur Weide raus, und du siehst dir die Kuh an. Anschließend kannst du ja dann den Patienten hier behandeln."
„Einverstanden?", fragte Quas. „Erst die Kuh, dann Sie."
Was blieb Ewald und Paul anderes übrig? Der Bauer stieg hinten zu Paul, und Quas quetschte sich auf den Vordersitz.
„Für deine Länge müssen erst noch Autos gebaut werden", lachte der Bauer.
„Was brauche ich eine Benzinkutsche! Ich komme mit meinem Fahrrad überall hin."
Über schmale Asphaltwege erreichten sie die Weide. An die dreißig Rinder grasten ruhig.

Am Gatter stand eine Kuh, allein, regungslos, den Kopf tief gesenkt. Nicht einmal ihren Schwanz bewegte sie.
Außer Paul stiegen alle aus. Paul kurbelte das Fenster herunter. Quas stieg über das Gatter. Er ging um die Kuh herum, schaute sie von allen Seiten an, befühlte ihre Hinterbeine und sagte endlich: „Sie muss sich bewegen, sonst kann ich nichts sehen. Sie muss wenigstens einen Schritt machen."
„Sie ist nicht einmal einen Zentimeter von der Stelle gegangen, als der Tierarzt sie gespritzt hat", sagte der Bauer.
„Wenn mein Wagen sich nicht bewegen will, schiebe ich ihn an." Ewald zeigte mit dem Daumen auf sein Auto.
„Wäre gar nicht so schlecht." Quas trat einen Schritt zurück. „Schiebt mal die Kuh. Nur einen einzigen Schritt muss sie tun, dann ist alles klar."
Der Bauer und Ewald stemmten sich gegen die Kuh, doch die rührte sich nicht vom Fleck. Sie hob nur ihren Kopf und stieß ein jämmerliches Muhen hervor.
„Nichts zu machen", sagte der Bauer. „Die kriegen wir nicht so weit."
„Wir müssten sie vorsichtig mit dem Auto antippen", sagte Paul mehr zum Scherz. „Der Motor hat 34 PS und müsste sogar einen Elefanten wegschieben."

Quas grinste.

„Würden Sie das machen?", fragte der Bauer.

Ewald zögerte einen Augenblick, aber dann sagte er: „Wenn ich ganz langsam ranfahre, kann dem Wagen eigentlich nichts passieren."

Sie öffneten das Gattertor, Ewald fuhr im ersten Gang und ließ die Kupplung schleifen. Zentimeter um Zentimeter schob sich der Wagen dem Hinterteil der Kuh näher. Quas stand abseits und starrte die Kuh an. Endlich berührte die Stoßstange die Hinterbeine. Ewald stoppte. „Jetzt", sagte er.

Er gab ein wenig mehr Gas und ließ die Kupplung langsam kommen. Dann, einem plötzlichen Einfall folgend, drückte er auf die Hupe. Paul zuckte zusammen, der Bauer sprang zur Seite, und tatsächlich, die Kuh machte einen halben Schritt vorwärts.

„Genug!", schrie Quas, der kein Auge von der Kuh gelassen hatte.

Ewald setzte erleichtert zurück. Quas griff mit seinen großen Händen kräftig in das Hüftgelenk der Kuh und ruckte eine Sehne nach außen. Mit einem mächtigen Satz sprang die Kuh davon, richtete ihren Schwanz steil auf und rannte über die ganze Wiese. Erst als sie bei den anderen Kühen angelangt war, hielt sie an, senkte den Kopf und begann zu grasen.

„Donnerwetter", stieß Ewald hervor.

„Hast du gut hingekriegt", sagte der Bauer.

„Ich lass dir was einpacken, wenn wir schlachten."

„Schon gut", sagte Quas kurz angebunden.

Paul sagte gar nichts. Aber er hatte mit einem Male Vertrauen zu dem ungeschlachten Bahnarbeiter, der sich ganz offensichtlich auf Muskeln und Knochen verstand.

Sie brachten den Bauern zu seinem Hof zurück. Er wollte sie noch zu einem klaren Schnaps einladen, aber Paul war nicht nach Aussteigen zumute.

„Sei nochmal bedankt", sagte der Bauer zu Quas. „Und auch für euren Fahrdienst Dankeschön."

Auf Ewald und Quas gestützt gelangte Paul in den Schuppen hinter dem kleinen Haus. Der Raum, in den Quas sie führte, war ziemlich groß und weiß gekalkt. In der Ecke stand ein alter Schreibtisch, in der Mitte des Zimmers ein Küchenstuhl und an der Seite unter dem einzigen Fenster ein hölzerner Eichentisch von beträchtlicher Länge. Das war die gesamte Einrichtung. Quas setzte sich hinter den Schreibtisch. Er stützte den schweren Kopf in die Fäuste.

„Setzen Sie sich einen Augenblick."

Gehorsam ließ sich Paul auf dem Stuhl nieder.

„Vielleicht kann ich was machen", sagte Quas.

„Vielleicht auch nicht. Erzählen Sie mal."

Pauls Krankheitsgeschichte war bald berichtet. Währenddessen blickte Quas ihn unverwandt an. Dann stand er abrupt auf, kam mit zwei, drei großen Schritten hinter dem Schreibtisch hervor und trat von hinten an Pauls Stuhl. Ohne Umschweife zog er Paul das Hemd aus der Hose. Ganz zart glitten die kräftigen Finger an Pauls Rückgrat entlang.

„Aha", sagte Quas, als er etwas über den Schulterblättern angelangt war. Fest fasste er Pauls Kopf zwischen seine Hände, drehte den Kopf behutsam nach links, nach rechts, stemmte schließlich seine Ellbogen auf Pauls Schultern, umschlang mit einem Bein Pauls Beine und ruckte Paul plötzlich empor.

Knochen knirschten, Paul wurde vom Stuhl hochgeschleudert, konnte nur noch denken: „Jetzt ist alles aus" – und stand auf seinen Beinen. Quas hatte ihn losgelassen und ging zu seinem Schreibtisch zurück. Stocksteif stand Paul da, leicht benommen.

„Na?", fragte Quas.

Paul versuchte eine vorsichtige Bewegung. Zu seiner Überraschung gelang es ihm, ohne Schmerzen den Rücken zu bewegen, sich in den Hüften zu drehen, ein, zwei Schritte zu machen.

„Ich spüre nichts mehr", sagte er verwundert.

„Der Wirbel hatte sich verschoben", erklärte Quas. „Ihre Frau soll Ihnen noch ein paar Tage einen feuchtwarmen Umschlag machen."

„Mit Kuhdreck etwa?", fuhr es Paul aus dem Mund.

„Kuhdreck wäre das Beste. Woher wissen Sie das?", fragte Quas. Als er jedoch Pauls entsetzten Blick sah, meinte er: „Ein feuchtwarmes Wolltuch tut's auch."

„Was bin ich schuldig?", fragte Paul. Er fühlte sich ohne den bohrenden Schmerz wie neu zur Welt gekommen. Es wäre ihm recht gewesen, wenn Quas ihm hundert Mark abverlangt hätte. Aber der bestand darauf, dass sein Dienst überhaupt nichts koste, es sei denn zehn Mark.

Paul reichte ihm einen grünen Zwanziger, aber Quas wollte von zwanzig Mark nichts wissen und gab ihm einen Zehnmarkschein zurück. „Mensch", sagte Ewald auf der Rückfahrt, „ich hab Blut geschwitzt."

„Morgen kann ich wieder zur Arbeit", sagte Paul. „Und Gret wird sich auch freuen, wenn sie nicht mehr für mich in die Sakristei muss."

Paul und das bengalische Feuer

Die Nachricht, die von Mund zu Mund weitergetragen wurde, war kaum zu glauben. Sie brachte den ganzen Ort in Aufregung. Schließlich gehörten die Männer seit mehr als dreihundert Jahren zum Bild des Städtchens. Ihre braunen Kutten waren für jeden Bürger ein vertrauter Anblick. Zuerst hatte Paul abgewunken und „Gerücht" gesagt, aber dann stand es fest: Die Franziskaner geben ihr Kloster auf und ziehen davon.

Er brachte die Neuigkeit aus der Sakristei mit: „Der Pfarrer hat es gesagt, und der Pfarrer muss es ja schließlich wissen."

„Ich werde die schnellen Frühmessen von Pater Paulus vermissen", sagte Gret.

„Der Pfarrer wird den Aushilfsdiensten nachtrauern; die Kranken müssen die häufigen Besuche entbehren, und unsere freiwillige Feuerwehr muss sich einen neuen Präses suchen", zählte Paul auf.

Gret sagte nach einer Weile: „Am meisten wird uns Bruder Aloysius fehlen. Die Leute schwören auf die Kraft seiner Heilkräuter."

Je länger die Bewohner des Ortes darüber nachdachten, dass sie bald ohne Franziskaner auskommen mussten, um so größer wurde ihre Entrüstung.

„Warum verlassen sie gerade unsere Stadt?", fragten sie empört. „Wir haben sie doch wie selbstverständlich als zu uns gehörig angesehen. Haben ihnen manche Spende in die stets geöffneten Hände gedrückt. Haben ihnen nach dem Krieg tatkräftig geholfen, Kirche und Kloster wiederaufzubauen. Nie hat es einen ernsthaften Streit gegeben. Warum gehen sie gerade aus dieser Stadt fort?"

Der Pfarrer versuchte, die erregten Gemüter in der Sonntagspredigt zu beruhigen. Er wies darauf hin, dass nicht einer der elf Franziskaner noch braunes oder blondes Haar hatte, sondern dass alle längst im Dienst ergraut waren, dass schließlich aus der ganzen Stadtgemeinde seit 53 Jahren weder Mönch noch Priester hervorgegangen sei. Er warb dafür, das üble Schimpfen und Jammern einzustellen und statt dessen zu überlegen, wie man den Ordensleuten einen würdigen Abschied bereiten und ein letztes Dankeschön sagen könnte.

Des Pfarrers Worte fielen bei den meisten, die seine Predigt hörten, auf fruchtbaren Boden. Vorschläge wurden gemacht, erwogen, verworfen, entwickelt, und schließlich stand ein beachtliches Programm.

Dr. Beilngrus hatte die Verantwortung und die Organisation einer festlichen Akademie übernommen, die am Vorabend des Auszugs stattfinden sollte. Vom Kammerorchester „Concordia" bis zum Festvortrag „Vom franziskanischen Leben in einer Wohlstandsgesellschaft" war an alles gedacht. Am Vormittag nach dem letzten Hochamt luden die Ordensleute zu einem Frühstück in den Klostergarten ein. Da niemand abschätzen konnte, wie viele Menschen der offenen Einladung folgen würden, schlugen die Kuttenmänner vor, jeder möge etwas zu essen und zu trinken mitbringen. Lange Tische stünden bereit. Auf denen könnten die Gaben abgestellt werden. Später könne sich dann jeder nach Geschmack und Belieben bedienen. Gegen Abend sollte schließlich das Abschiedsfest mit einer feierlichen Prozession ausklingen.

Der Vater Abt hatte sein Kommen zugesagt, und auch der Herr Weihbischof Wüstekappel würde erscheinen, wenn ihn nicht gerade eine wichtige Kommissionssitzung in Rom oder Fulda oder an einem anderen vom Heiligen Geist bevorzugten Ort davon abhalten würde. Selbstverständlich wurde erwartet, dass auch die Brüder und Patres der benachbarten Klöster und der Klerus der umliegenden Gemeinden zu Gast seien.

Im Gemeinderat war eine überraschend große Mehrheit zustande gekommen, als der Vorsitzende den Vorschlag machte, eine Prozession mit aller Pracht durch die Straßen ziehen zu lassen.

„Wie in alten Zeiten", schwärmte Gret.
Die letztjährigen Kommunionkinder sollten vor dem Allerheiligsten gehen, Engelchen waren zum Blumenstreuen eingeteilt, das Blasorchester der Sebastiansschützen übte seit Wochen nur Kirchenlieder, im Kirchenchor war bei Damen und Herren schwarze Kleidung zur Pflicht gemacht worden.
Die freiwillige Feuerwehr fühlte sich zur besonderen Aktivität aufgerufen. Pater Engelbert hatte schließlich seit über 25 Jahren nicht eine einzige der monatlichen Versammlungen versäumt und manches geistliche Wort an die Wehrleute gerichtet. Er hatte sie mit Schutzengeln verglichen und in einem Augenblick franziskanischer Verzückung sogar behauptet, hätte man damals in Sodom und Gomorrha bereits eine freiwillige Feuerwehr mit so braven Männern gehabt, wie heute in der Stadt, niemals hätten diese Orte in Brand und Asche ihr Ende gefunden. Wer würde je wieder die löbliche Einrichtung der Wehr in solch bedeutenden Zusammenhängen sehen, wer würde den Männern je wieder dieses Gefühl in der Brust wachsen lassen, das Gefühl von Wichtigkeit und Wärme?
Die Feuerwehr wollte also zum Abschied ihr Bestes geben. Den Plan, die Löschfahrzeuge in der Prozession mitzuführen, konnte Paul seinen Kollegen von der Feuerwehr mit Mühe

ausreden; gegen den Gedanken, die historischen Uniformen anzuziehen und sich die blanken Messinghelme aufzusetzen, war er jedoch machtlos.

„Wir haben doch die alten Helme schon ewig nicht mehr getragen", protestierte er. Aber die anderen Feuerwehrleute meinten, genau das sei gut, denn gerade das hebe das Besondere des Tages hervor, wenn nicht alles in den gewohnten Bahnen verliefe. Außerdem solle Paul als stellvertretender Brandmeister endlich zu meckern aufhören und einen konstruktiven Vorschlag zur Verschönerung des Tages unterbreiten.

Manche, die dabei waren, behaupteten später, just in diesem Augenblick sei Paul vom Teufel gebissen worden, was bei einem Küster aus Leidenschaft allerdings nicht gerade wahrscheinlich ist. Jedenfalls erhob sich Paul und rief: „Ruhe bitte! Ich habe wirklich einen Vorschlag, der die freiwillige Feuerwehr aus dem Vielerlei des Festes hervorhebt und ihr den Platz einräumt, der ihr in der Stadt und bei diesem Feste eigentlich zukommt."

Die Gespräche am langen Wirtshaustisch verstummten. Erwartungsvoll schauten die Männer auf den stellvertretenden Brandmeister. Der nahm noch einen kräftigen Schluck aus dem Bierglas und führte dann aus: „Die Älteren unter euch erinnern sich gewiss, wie wir

uns bis zum Zweiten Weltkrieg an der Prozession beteiligten. Wenn auf dem großen Platz vor der Klosterkirche das ‚Großer Gott, wir loben dich' angestimmt wurde, wenn also die Prozession fast zu Ende war, dann kam unsere große Stunde. Von allen Häusern und aus vielen Fenstern rund um den Klosterplatz strahlte es dann auf und verzauberte die Stadt."
„Jawohl", schrie Franz Hülsberger begeistert, „bengalisches Feuer!"
Vergeblich versuchte Paul in den nächsten Minuten, sich Gehör zu verschaffen. Die älteren Wehrleute redeten auf die jüngeren ein und schwärmten von dem wunderbaren Effekt, wenn die Giebel und die Türme in einem märchenhaften Licht aufstrahlten und selbst der nächtliche Spätsommerhimmel die Farben des bengalischen Feuers aufnahm.
„Wisst ihr noch", erinnerte sich Ferdinand Grieshuber, „wisst ihr noch, wie die Wasserfontänen aus dem Springbrunnen mitten auf dem Platz wie Stichflammen emporschossen?"
„Und die Fensterscheiben", schwärmte Mecki Behrens, „die Scheiben glühten auf wie feurige Spiegel."
„Wie bei einem wirklichen Großbrand", stieß Heinz Österloh hervor.
Einstimmig wurde der Beschluss gefasst, zu Ehren der Franziskaner das bengalische Feuer

wiederzubeleben. Brandmeister Orgall fasste zusammen: „Paul, das war ein guter, ein sehr guter, konstruktiver Vorschlag. Er kam aus deinem Mund. Deshalb schlage ich vor, dass du selbst die Vorbereitungen in die Hand nimmst. Und weil das Feuer ja aus hundert Töpfen zugleich aufflammen soll, wird der Jugendwart dir mit unseren jungen Freunden zur Verfügung stehen."
„Fünfzig rot und fünfzig weiß", sagte Paul.
Als der Brandmeister ihn verdutzt anschaute, erläuterte Paul: „Die Stadtfarben selbstverständlich. Fünfzig rote und fünfzig weiße Feuer. Rot-weiß. Wie früher."
Schon am nächsten Tag telefonierte Paul vom Pfarrbüro aus mit der Firma „Deutsche Feuerwerk GmbH". Es wurde ihm bestätigt, dass hundert bengalische Feuer der Luxusausgabe, fünfzig rot und fünfzig weiß, Bestellnummer siebenundachtzigzweiunddreißignullnull für die renommierte Firma in Sachen Lustfeuer kein Problem sei. Man müsse jedoch auf schriftlicher Bestellung mit deutlich geschriebener Bestellnummer bestehen. Bei dieser Menge und wegen des besonderen Anlasses werde ein Preisnachlass von 10 Prozent eingeräumt, Spendenquittung allerdings erbeten.
Pastoralassistentin Hildegard Herbst schrieb gleich an die „Deutsche Feuerwerk GmbH" und tippte sorgfältig die Bestellnummer. Die

Firma war zuverlässig. Vierzehn Tage vor dem großen Ereignis lagerten die hundert Töpfe mit bengalischem Feuer im Spritzenhaus.

An den folgenden Abenden sah Gret ihren Mann kaum noch. Er führte lange Gespräche mit den Hausbesitzern rund um den Klosterplatz und überzeugte sie von der Ungefährlichkeit des Vorhabens. Er verhandelte mit dem städtischen Ordnungsamt, das sich anfangs sperrte, aber dann doch nachgab, weil nicht zu widerlegen war, dass die heimische Feuerwehr auch wohl mit Feuern aus dem Lande der Bengalen umzugehen verstand. Ferner mussten 25 Jungwehrleute genau in ihre verantwortungsvolle Aufgabe eingewiesen werden. Jeder hatte zwei Töpfe rot und zwei Töpfe weiß genau zu dem Zeitpunkt zu entzünden, wenn die erste Strophe von „Großer Gott, wir loben dich" verklungen war. In die zweite bis letzte Strophe hinein sollte dann die Illumination immer heller erstrahlen, um dann schließlich allmählich zu verlöschen. Dank Pauls Einführung wusste jeder Jungmann schließlich genau, in welchem Haus auf welchem Fensterbrett er seine Töpfe aufzustellen habe und wie sie mittels eines Großzündholzes gefahrlos zu entflammen seien. Diesen schwierigsten Teil hatte Paul sogar mit bengalischen Feuerattrappen praktisch geübt. Die jungen Männer hatten außerdem die Pflicht, spätestens zwei Tage vor der Prozession bei „ihren" Hauseigentümern vorzusprechen, sich vorzustellen und den Standort der Töpfe in Augenschein zu nehmen sowie die Verfahrensweise genau zu erläutern.

Die allgemeine Aufregung war längst auf die Jungmänner übergesprungen, und selbst der sonst so lethargische Jungwehrmann Eduard Rosing war seinem Auftrag pünktlich nachgekommen und hatte mit dem Bäckermeister Drenfurth alles Notwendige über Aufstellung und Entzündung der Feuertöpfe abgesprochen. Wenn von der Gemeinde St. Michael etwas Gutes gesagt werden konnte, so war es vor allem das, dass man dort die Feste gebührend zu feiern verstand. So nahm denn auch die prächtige Festakademie den geplanten Verlauf. Nur ein einziges Mal verhaspelte sich der erste Geiger, kam aber so schnell wieder in seinen Takt, dass kaum einer etwas bemerkte. Wer kannte schon so genau den alten Meister Vivaldi? Der Redner, ein junger Dozent aus der Bistumsstadt, hatte es an Engagement nicht fehlen lassen. Sogar der Zahnarzt Dr. Wesekamp ging nachdenklich von dannen und stellte sich die Frage, wie wohl die Brüder des heiligen Franz das Honorar für eine Füllung nebst Spritze berechnet hätten.

Ein Erfolg ohne Hakeln und ironische Untertöne war der Frühstücksempfang. Die Gemeinde hatte sich nicht lumpen lassen, und das Frühstück zog sich bis in die Mittagsstunden hinein, ohne dass auch nur einer der über vierhundert Gäste Hunger und Durst zu leiden gehabt hätte.

Am Abend schließlich entfaltete die Prozession ihre verschwenderische Pracht, bunte Fahnen, festlich gekleidete Menschen, blitzende Instrumente, blumengeschmückte Straßen, die schmucken, alten Uniformen der freiwilligen Feuerwehr und ihre blitzenden Helme, wehende Federbüsche auf Schützenhüten, kunstvoll aufgebaute Heiligenfiguren in Fenstern, Nischen und Türöffnungen. Die Anzahl der Franziskusbilder war beträchtlich und zeigte den stillen Einfluss der Mönche. Inmitten von Glanz und Pomp schritten die Franziskaner bescheiden in ihren braunen Kutten, voran die elf alten Männer, die jeder im Städtchen kannte, ein wenig gerührt, wie es schien; dazu an die vierzig Gastmönche, wenige Novizen, zu wenige, wie man wusste und gerade in diesen Tagen schmerzlich erfahren hatte. Es ist gar nicht möglich, vom Weihbischof bis hin zu den Wölflingsgruppen der Pfadfinder alle Teilnehmer gebührend vorzustellen, und so soll es mit den bereits genannten sein Bewenden haben.

Zwei volle Stunden zog die Prozession durch die Straßen und Gassen, verharrte auf den

Plätzen, Segen herabflehend auf die Scheidenden und Bleibenden; Danklieder schallten empor, die Rosenkranzmelodien rauschten wie kleine Wellen am Strand hintereinander her, gleichförmig, ohne Zahl. Die Predigt war kraftvoll und nicht gar so lang. An diesem Abend war die Dämmerung bereits deutlich vorangeschritten, als der Zug der Gläubigen endlich wieder auf dem Klosterplatz anlangte.

Paul frohlockte. Nur noch eine Viertelstunde bis zum Tedeum. Dann würde das Tageslicht so verflossen sein, dass das bengalische Feuer strahlend seinen vollen Glanz entfalten könnte. Pauls Blick flog prüfend von Hausgiebel zu Hausgiebel, wanderte von Fensterfront zu Fensterfront. Zwischen Wimpelketten und Fahnentuch sah er den Nachwuchs der freiwilligen Feuerwehr, unauffällig postiert und bereit, statt Feuer zu löschen hundert prächtige Brände zu entzünden.

„Großer Gott, wir loben dich!" Machtvoll schallten die Stimmen und brachen sich an den Mauern, die mit leicht verzögertem Einsatz als Echo mitzusingen schienen.

„Wie du warst vor aller Zeit, so bleibst du in Ewigkeit."

Ja, Zeit wurde es, und es durfte keine Ewigkeit dauern, bis die Feuer brannten. Paul sah die Großzündhölzer aufflammen und wendete seine Augen zufrieden dem Altar zu. Eine gute

Organisation schafft eben Sicherheit und Ruhe. Alles klappte wie bei der Feuerwehr.
„Alles, was dich preisen kann ..." Aus vollem Hals sang Paul mit. Gleich musste der Widerschein der bengalischen Feuer an der mächtigen Ziegelwand der Franziskanerkirche aufbrennen und den schwarzrötlichen Stein mit lebendiger Glut überfluten. Gleich ...
„Heilig, Herr Gott Zebaot."
Noch allerdings war nichts zu sehen vom Glutrot, vom gleißenden Weiß des Feuers aus Bengalen. Pauls Ruhe schmolz dahin, seine Sicherheit geriet ins Wanken. Er wagte einen Blick zu den Häusern hin. Aber aus keinem einzigen der hundert Töpfe glomm Licht auf. Wohl wurden Großzündhölzer hastig angestrichen. Paul wandte sich wieder dem Altar zu. Es war eben eine Frage der Zeit. Schließlich hatte „Großer Gott" zwölf Strophen. Bei der fünften konnte Paul endlich ein wenig vom Feuer riechen. Zu sehen war der Schein aber noch nicht.
Die sechste Strophe, noch kräftig angesungen, klang kläglich aus. Matter und matter wurden die Stimmen. Viele Menschen wurden mit einem Male von einem bellenden Husten befallen. Paul schaute sich um und erblickte voller Entsetzen, was sich an den Häuserfronten abspielte. Aus hundert Töpfen schwappten unaufhaltsam dicke, grauweiße Nebelschwaden,

fielen die Hauswände hinab, quollen von allen Seiten zugleich in breiten Wolken über den Klosterplatz, hüllten wahllos Nonnen und Engelchen ein, Laien und Priester, Schützenbrüder und Feuerwehr, dichter und dichter. Beißender Geruch begleitete die Schwaden, Augen begannen zu tränen, Nachbarn konnten Nachbarn nicht mehr erkennen, und selbst über den Glanz der Messinghelme legte sich ein mehliger Schleier.

Das Volk hastete auseinander und suchte Schutz in klosterfernen Gaststätten und Kneipen.

„Das Werk von Terroristen", schimpfte der Bürgermeister und bot den Flegeln, die das zu verantworten hatten, Ohrfeigen an.

„Nichts ist der Jugend von heute mehr heilig", jammerte die Vorsitzende des Elisabethvereins, Änne Welters.

„Eine Schande", seufzte Pfarrer Schulte-Westernkotten, der im Allgemeinen nicht leicht aus der Fassung zu bringen war.

Der Weihbischof hatte sich mit den Patres ins Klosterinnere geflüchtet. Hier sammelte sich dann nach und nach alles, was bei der Vorbereitung und Durchführung des Festes mitgeholfen hatte.

Von der Feuerwehr hatte nur Paul es gewagt, zu erscheinen. Kleinlaut war er, hielt seinen Kopf gesenkt, versuchte zu erklären, dass die

„Deutsche Feuerwerk GmbH" offensichtlich einen Fehlgriff getan und statt der bestellten bengalischen Feuer Nebelkerzen geschickt hatte, obwohl Hildegard Herbst mit großer Sorgfalt – er sei Zeuge – die richtige Bestellnummer zu Papier gebracht habe.
Endlich stand Pater Paulus auf. Die Lachfältchen um seinen Mund und seine Augen machten Paul etwas zuversichtlicher, dass wenigstens die Patres keinen infamen Plan vermuteten, sondern an einen dummen Zufall glaubten.
„Ich nehme an, dass die freiwillige Feuerwehr recht getan hat", begann er. „Sind nicht mit Feuer und Schwert Adam und Eva aus dem Paradies vertrieben worden? Ist nicht in den roten Flammen die Stadt Sodom und Gomorrha niedergebrannt? Was war mit den Jünglingen im Feuerofen? Hat nicht gar der heilige Laurentius in der Glut des Feuers ein schreckliches Ende gefunden? Wie wohl dagegen tut der Rauch! Die Wolkensäule fällt mir ein, die dem Volke Israel den Weg durch die Wüste zeigte. Die Rauchsäule von Abels Opferaltar, die dem Herrn ein Wohlgefallen war. Die Nebel auch, in denen unser Herr gen Himmel fuhr. Ich denke, vielleicht haben unsere wackeren Feuerwehrleute auch eingeräuchert, weil sie wissen, dass Räucherwaren vor der Fäulnis bewahrt bleiben und sich länger halten. Eine

Mahnung also und eine Hoffnung für uns Franziskaner. Darauf, liebe Gäste, lasst uns trinken." Er hob sein Glas und nickte Paul freundlich zu.
Alle lachten. Die einen, weil sie das Komische der Angelegenheit begriffen, andere, weil sie ein Zeichen dafür erkannten, dass vergangene Pracht und eine Sakralschau von vorgestern nicht ohne weiteres ins Heute zurückgeholt werden konnten.
Paul aber lachte befreit auf. Nichts hätte ihn mehr bedrückt, als wenn Präses, Patres und Brüder eine böse Absicht vermutet hätten und gekränkt von dannen gezogen wären. Lieber nahm er dann schon hin, dass die Jungwehrmänner gelegentlich „Nebelwerfer" flüsterten, wenn er sich näherte.

Paul und die toten Säuglinge

Für Paul lag eine leichte Wehmut über dem Silvestertag. Ein Strich wurde unter das Jahr gezogen. Im Pfarrbüro half Paul der Pastoralassistentin Hildegard Herbst bei der Aufstellung der Statistik. Nicht als ob unter dem Strich nur Negativposten gestanden hätten: Das Spendenaufkommen gegen Hunger und Not in der Welt, für Mission und Caritas war wieder einmal leicht angewachsen, obwohl es fast zwei Prozent mehr Arbeitslose in der Stadt gab. Das Ferienhilfswerk hatte 24 Kinder mehr an die Nordsee schicken können als im Vorjahr. Die Altpapiersammlungen waren auf insgesamt 64 Tonnen gestiegen. Viermal startete ein großer Lastkraftwagen, vollgepackt mit Kleidern, Lebensmitteln und Medikamenten, um die Not im Nachbarland lindern zu helfen. Einem Neupriester in Peru wurde der Kauf eines Jeeps ermöglicht. Die Bücherei in der Gemeinde hatte in ihren neuen Räumen sieben Prozent mehr Bücher ausgeliehen. Endlich hatte der neue Osterleuchter beschafft werden können.
Andererseits zählte Paul fünf Kirchenaustritte mehr als im Vorjahr. „Die Kirchenbesucherzahl ist in diesem Jahr nur um 0,5 Prozent zurückgegangen", sagte Hildegard Herbst. „Im vorigen Jahr lagen wir über 1 Prozent."

„Das Wetter war vermutlich besser", brummte Paul.

„Unsinn. Wir nähern uns dem harten Kern der Gemeinde", ereiferte sich Hildegard Herbst. „Allmählich schält sich das heraus, was bleibt."

Paul antwortete nicht. Er hörte seit Jahren diesen Spruch vom sogenannten harten Kern. Er zweifelte mehr und mehr daran, ob es den überhaupt gab, vor allem aber, ob er sich in Prozente fassen ließ.

Sie addierten die Trauungen, die Kommunionen, die Zahl der Rundbriefe, die Firmlinge.

„Ich finde es gut, dass der Pfarrer die Verstorbenen noch einmal beim Namen nennt", sagte Hildegard Herbst.

„Es ist eine lange Reihe in diesem Jahr", fügte Paul hinzu. „Man wird erinnert. Zum Glück werden auch die Täuflinge namentlich genannt. Es sind übrigens sieben Tote mehr als Täuflinge."

„Wissen Sie eigentlich, Herr Drusen, warum der Pfarrer die Täuflinge trennt nach solchen, die in der Krankenhauskapelle getauft worden sind, und solchen, die in unserer Pfarrkirche übers Taufbecken gehalten wurden?"

„Ist doch klar, Hildegard. Das Krankenhaus liegt wenige Meter jenseits der Gemeindegrenze. Es heißt zwar ‚das Krankenhaus von St. Michael', aber genau genommen gehört es zu

St. Evermanus. Jedenfalls was den Standort angeht."

„Na, und?"

„Hildegard, Sie haben doch in Ihrer Ausbildung Kirchenrecht gehört. Muss ich Ihnen das erklären? Wessen Region, dessen Taufe."

„Wie im Mittelalter", seufzte Hildegard Herbst.

„Fertig", sagte Paul und zog nun endgültig den Strich unter Ziffern und Zahlen. „Ich bin gespannt, was Pfarrer Schulte-Westernkotten daraus macht."

„Am letzten Silvesterabend ging einem sein Fazit in der Jahresschlussandacht richtig unter die Haut", erinnerte sich Hildegard Herbst.

Das stimmte. Pfarrer Schulte-Westernkotten ratterte die Ziffern nicht einfach herunter. Er versuchte Analysen, zeigte Hintergründe auf, Ursachen. Jedesmal war es ihm bisher gelungen, auch Zuversicht zu wecken. Paul jedenfalls verlor bei des Pfarrers Worten, bei den Texten, die er auswählte, den Psalmversen, den Schriftstellen seine Jahresschluss-Melancholie. So sehr, dass er den Wunsch des Pfarrers „Gesegnetes neues Jahr!" im letzten Jahr mit einem kräftigen „Danke, gleichfalls" beantwortet hatte. Erstaunt hatten ihn seine Banknachbarn angeschaut, und er war im Nachhinein ein wenig verlegen geworden.

„Warum eigentlich?", stieß Paul hervor.

Hildegard Herbst schaute ihn fragend an.

„Na, warum antwortet die Gemeinde nicht laut und vernehmlich ‚Danke, gleichfalls', wenn der Pfarrer einen schönen Sonntag wünscht oder frohe Ostern oder eben ein gesegnetes neues Jahr?", fuhr Paul fort.
Hildegard Herbst lachte und antwortete: „Wir sind eben eine konservative Gemeinde. In St. Evermanus geschieht das längst." Sie schloss die Bücher und klappte die Deckel der Karteikästen zu. „Wir werden's in diesem Jahr nicht mehr ändern können", sagte sie.
Sie erhob sich hinter ihrem Arbeitstisch. Klein und schmal war sie und schaute ein wenig hilflos hinter den dicken Brillengläsern hervor. Als sie vor drei Jahren ihren Dienst in St. Michael antrat, hätte wohl niemand ihr zugetraut, dass sie mit Ausdauer und Zähigkeit und immer fröhlich in der Lage war, die Gemeinde zu verändern. Aber neun Kreise junger Familien waren seitdem entstanden, siebzehn Frauen und Männer hatten in diesem Jahr bei der Vorbereitung der Kinder auf die Erstkommunion geholfen.
Paul sagte seit längerem zu Gret: „Die Hildegard ist ein Goldstück."
„Bis heute Abend, Hildegard", verabschiedete er sich.
Es war eine windstille, klare Nacht. Eine dünne Schneedecke hatte sich drei Tage nach Weihnachten über das Städtchen gelegt. Die

Sterne versuchten wieder einmal, den Kampf gegen die Neonbeleuchtung der Straßen zu gewinnen. Aber das gelang nur am Stadtrand, wo die Laternen weiter auseinanderstanden und das Sternengefunkel nicht ausblendeten.
„Mehr Menschen als sonst", sagte Paul, als er die Kerzen angezündet hatte und in die Sakristei kam.
Glockenschlag 19 Uhr begann die Feier. Die festliche Doppelreihe der Messdiener mit Kerzen und Weihrauch eröffnete die Prozession. Der Kaplan trug die Bibel so voran, dass eine Ahnung von der Gegenwart des Herrn in seinem Wort möglich wurde; am Schluss schritt Pfarrer Schulte-Westernkotten, gesammelt, ohne jede Hektik.
„Ich habe dich in meine Hand geschrieben." Unter diesen Leitgedanken hatte der Pfarrer den Gottesdienst gestellt. Und unter diesem Wort ordneten sich die Ziffern, Zahlen, Trends und Ereignisse, wurden mit Sinn erfüllt, waren unter diesem Aspekt nicht ohne Trost und Hoffnungen.
Der Kirchenchor sang im Wechsel mit der Gemeinde. Die ausgewählten Lieder und Strophen umspielten mit „Wer nur den lieben Gott lässt walten" und „Was Gott tut, das ist wohlgetan" den Grundgedanken und vertieften ihn. Beim Gedächtnis der Toten und der Nennung der langen Namensreihe war es, als seien sie

noch einmal gegenwärtig und inmitten ihrer Gemeinde. Aber am Schluss sollte nicht der Tod, sondern das Leben stehen. Die Namen der Täuflinge wurden gerufen: Zeichen von neuem Leben, von Zukunft und Überwindung der Angst, Zeugnis von Vertrauen und Angenommensein. In Pfarrer Schulte-Westernkottens Stimme klang das alles mit. Alphabetisch hatte Hildegard Herbst die Namen geordnet, damit keiner sich benachteiligt fühlte.

„Durch die Taufe aufgenommen in unsere Gemeinde, in die Hand des Herrn geschrieben und zu den Seinen gezählt wurden in diesem Jahr: Rainer Abromeit, Karlhans Abels, Friederike Adolphi, leider nach der Taufe verstorben, Kurt Caspers, ebenfalls als Säugling verstorben, Gertrud Dorring, Melitta Flakemeier. Auch dieses Kind ist nach der Taufe verschieden." Hier hielt der Pfarrer inne, räusperte sich und schien über die Häufung der Säuglingssterblichkeit betroffen. Paul wunderte sich. Er hatte doch noch vor Weihnachten Frau Flakemeier mit dem Kinderwagen gesehen! Er schaute zu Hildegard Herbst hinüber. Irrte er sich, oder perlten wirklich auf ihrer Stirn kleine Schweißtropfen? Blass war sie ja immer, aber dieses Kalkgesicht zeigte es deutlich: Der Hildegard war es schlecht. Paul würde sie im Auge behalten müssen.

Der Pfarrer fuhr fort mit Melanie Görgens,

Ralf-Günther Grasemeier, Daniel Isenbügel und Konrad Korn. Aber dann folgten drei Namen von Kindern, die der Herr gleicherweise viel zu früh zu sich genommen hatte.

Kein Wunder, dass die Sterbefälle die Taufen überwiegen, dachte Paul. Aber plötzlich packte ihn das Entsetzen. Nicht wegen der toten Kinder, sondern weil es ihm dämmerte, dass irgend etwas mit der Statistik nicht stimmen konnte.

Dann geschahen einige Dinge zu gleicher Zeit. Pfarrer Schulte-Westernkotten atmete tief durch und las weiter: „Julia Lohscheider, auch dieses Kind ..." Er stockte und blickte irritiert zu Hildegard Herbst hinüber, die sich ihrerseits aufraffte und von ihrem Platz erhob und sich mit hastigen Bewegungen durch die Gläubigen drängte, dem Seitenausgang zu.

Paul erkannte, dass er Hilfe leisten musste; er erwischte Hildegard Herbst noch vor dem Ausgang und stützte sie. Der Pfarrer sagte: „Einen Augenblick", verließ das Lesepult und eilte zu Hildegard Herbst und dem Küster. Hildegard stieß halblaut eine Erklärung hervor: „Die Kreuzchen, mein Gott, die Kreuzchen!"

Paul war nun vollends verwirrt. Der Schweißausbruch der Pastoralassistentin, das wirre Reden von Kreuzchen. Sicher, Hildegard war überarbeitet. Aber dass solche Folgen eintraten?

Der Pfarrer, sehr blass und mit roten Flecken

über dem Kragen, trat ganz dicht an die beiden heran.

„Was ist mit der Statistik?", fragte er ratlos. „Es ist doch schlechterdings unmöglich, dass all diese Kleinen ..."

„Die mit dem Kreuzchen Bezeichneten sind lediglich in der Krankenhauskapelle getauft worden", vermochte Hildegard Herbst noch hervorzubringen, ehe sie endgültig und völlig ohne Kraft in Pauls Arme sank.

Wie vom Donner gerührt stand der Pfarrer zwanzig Sekunden lang da. Dann hatte er sich gefasst. Während Paul Hildegard Herbst in die Kälte vor der Kirchentür führte und diese sich auf eine Steinstufe hockte und losheulte, trat er an das Lesepult zurück und sagte: „Liebe Gemeinde, ich kann nur hoffen, dass die Eltern der eben genannten Säuglinge an diesem Silvesterabend nicht aus dem Hause konnten und, statt in die Kirche zu kommen, bei ihren Kindern bleiben mussten. Denn keineswegs war diesen Kindern ein so kurzes Leben beschieden, wie ich zunächst annahm. Unsere Frau Herbst hat hier auf der Liste hinter einige Namen ein Kreuzchen gezeichnet. Ich nahm an, dass dies das Zeichen für den Tod dieser Kinder sei. Wie konnte ich das Kreuz unseres Herrn so missverstehen? Ist nicht ein Kreuz vielmehr ein Sinnbild des Lebens? Dieses Kreuz ist lediglich das Zeichen dafür gewesen, dass die heilige Taufe in der Kapelle des Krankenhauses stattgefunden hat und dort diese Kinder in das Leben der Gemeinde gerufen worden sind."

Erst gluckste es ein wenig in den Kirchenbänken, aber dann war selbst draußen vor der Kirchentür bei Hildegard und Paul gar nicht zu überhören, dass ein befreiendes Lachen im Kirchenschiff erklang. Das machte der Frau Herbst ein wenig Mut, und Paul und sie wagten sich wieder in die Kirche. Hinten, ganz gegen ihre Gewohnheit, blieben sie stehen. Ein wenig zaghaft zwar, aber doch von Anfang bis Ende sangen sie das Schlusslied mit: „Zu Betlehem geboren ..."

Des Pfarrers Stimme, durch das Mikrophon verstärkt, hob sich deutlich aus dem Gemeindegesang hervor. Paul behauptete später steif und fest, er habe es genau gehört, dass der Pfarrer die dritte Strophe ein wenig verändert gesungen habe. Sein Text hätte gelautet:

„O Kindelein, von Herzen will ich *euch* lieben sehr, in Freuden und in Schmerzen, je länger mehr und mehr. Eja, eja, je länger mehr und mehr."

Herzerwärmendes über das Miteinander der Generationen

Hermann Multhaupt

Wenn der Opa mit dem Enkel

… und andere Geschichten mit Herz

112 Seiten
Gebunden
ISBN 978-3-7666-1747-7

Herzerfrischende Anekdoten vom Miteinander der Generationen sowie dazu passende Weisheitsgeschichten, die der Seele guttun – die in gut lesbarer Schrift gedruckten Erzählungen von Hermann Multhaupt bieten reichlich Anlass zum Nachdenken und manchmal auch zum Schmunzeln …

Butzon & Bercker Kevelaer
www.bube.de

Lebendige Erinnerungen von Senioren

Stefan Kappner /
Anneliese Wohn (Hg.)

So feierten wir damals

Erlebte Geschichten durch das Jahr

160 Seiten
Gebunden
mit Lesebändchen
ISBN 978-3-7840-3522-2

Wie wurden die kirchlichen Feste in der Mitte des letzten Jahrhunderts begangen? Zu dieser Frage haben Teilnehmer an einem Schreibprojekt sich an ihre Kindheit erinnert und ihre Geschichten aufgeschrieben. Entstanden sind sehr unterschiedliche Texte: ernste und heitere, fromme und eigenwillige. In gut lesbarer Schrift gedruckt, bieten diese Erzählungen vielfältige Anregungen zum eigenen Nachdenken oder zum Gespräch in der Gruppe.

Lahn-Verlag
www.lahn-verlag.de